Christen für Europa

D1921899

CHRISTEN FÜR EUROPA

Ansprachen europäischer Bischöfe

Herausgegeben von

Kardinal Joseph Höffner

Verlag Butzon & Bercker Kevelaer

Mitglied der »verlagsgruppe engagement«

Bild- und Quellennachweis:

Alle Fotos bis auf das von Bischof Elchinger (privat): KNA-Bild, Frankfurt.
Die Ansprache Kardinal Wyszyńskis, „Europa, der Hort des Evangeliums", wurde entnommen dem Band:
Oskar Neisinger: Stefan Cardinal Wyszyński – Karol Cardinal Wojtyla. Echter Verlag, Würzburg 1978.

CIP-Kurztitelaufnahme der Deutschen Bibliothek
Christen für Europa: Ansprachen europ. Bischöfe / hrsg. u. eingel. von Joseph Kardinal Höffner. – Kevelaer: Butzon und Bercker, 1983.
ISBN 3-7666-9306-9
NE: Höffner, Joseph [Hrsg.]

ISBN 3–7666–9306–9

© 1983 Verlag Butzon & Bercker D–4178 Kevelaer 1.
Alle Rechte vorbehalten.
Umschlaggestaltung: Norbert Ciernioch, unter Verwendung eines Kupferstiches (Straßburger Münster, Ausschnitt aus einer alten Stadtansicht von Straßburg).
Herstellung: Bercker Graphischer Betrieb GmbH, Kevelaer.

INHALT

Geleitwort

„An uns wird es liegen, ob Europa sich selbst in engstirnigen, territorialen Sichtweisen und Egoismen gefangenhält ... und dabei seine Berufung und seine Rolle verrät oder ob es seine Seele wiederentdeckt in einer Zivilisation des Lebens, der Liebe, der Hoffnung." Mit diesen Worten hat Papst Johannes Paul II. anläßlich des Fünften Symposiums der europäischen Bischöfe im Oktober 1982 in Rom eindringlich Verpflichtung und Aufgabe der Kirche bei der Errichtung eines vereinten Europa ausgedrückt und vor allem die Bischöfe zu unablässigem Bemühen gemahnt, dieses Ziel zu erreichen.
Der Papst konnte sicher sein, mit seinem Appell auf offene Ohren und bereite Herzen zu stoßen. Ebenso wußte er, daß schon mancher Schritt auf dem von ihm gewiesenen Weg getan worden war. Erinnert sei nur an das gemeinsame Wort über „Europa" der europäischen Bischofskonferenzen vom Juni 1977, dem als allerdings unverschuldeter Mangel nur anhaftete, daß es nicht auch von Bischöfen jenseits des Eisernen Vorhangs mitunterzeichnet werden konnte. In diesem gemeinsamen Wort wird aus der Erkenntnis, daß „Europa ... seinen Weg in die Zukunft" sucht und ... „Stück für Stück Gestalt" gewinnt, die Pflicht für die Kirche abgeleitet, „bei diesem Bemühen nicht abseits (zu) stehen" und sich bei allen sich bietenden Gelegenheiten dazu zu Wort zu melden.
Immer wieder, von vielen Bischöfen, aus verschiedenen Anlässen und vor wechselnden Zuhörerkreisen ist das auch geschehen: auf Tagungen und Kundgebungen verschiedener Verbände, bei Jubiläen und anderen festlichen Gelegenheiten, bei Reisen und Begegnungen im Ausland, beim Katholikentag. Die Vorträge und Ansprachen, die Grußworte, die in diesem Buch gesammelt sind, bilden nur eine Auswahl. Aber, und das ist besonders erfreulich, sie läßt auch polnische Bi-

schöfe zu Wort kommen, stellvertretend für ihre Mitbrüder aus den anderen Ländern des östlichen Teils Europas, deren Völkern sie ihre Stimmen leihen – und deutlich wird daran, daß der Satz, für den an Christus und seine Kirche glaubenden Menschen gebe es kein Ausland, nicht nur für Landesgrenzen, sondern auch an ideologischen und vor Waffen starrenden Barrieren gilt.

Was die Beiträge dieses Buches bei aller Unterschiedlichkeit eint, ist das Bewußtsein, in einer für Europa und die Welt geschichtsträchtigen Stunde zu leben und sich darin bewähren zu müssen. Dabei mögen nicht nur die Apostel Petrus und Paulus, die vom Heiligen Land nach Rom und damit Europa kamen, den Christen von Heute beistehen, sondern auch die Heiligen Benedikt, Columban, Remigius, Willibrord, Bonifatius, Cyrill, Methodius, Ansgar und Adalbert, die jeder auf seine Weise das christliche Europa mitgeprägt haben.

+ Joseph Card. Höffner

Kardinal Franz König, Erzbischof von Wien

DIE SENDUNG DER KIRCHE FÜR EUROPA

Wenn ich in dieser Feierstunde als Vertreter der österreichischen Bischöfe das Wort ergreife, dann sei es mir gestattet, im Namen aller hier anwesenden Mitbrüder im Bischofs- und im Priesteramt aus nah und fern, im Namen des im Hohen Dom versammelten Volkes Gottes auf Grund des festlichen Anlasses den beiden Kardinälen von Köln einen mitbrüderlichen und herzlichen Segensgruß zu überbringen.

Ich grüße in diesem Sinne respektvoll Kardinal Frings, den in der ganzen Welt bekannt gewordenen Konzilsvater des Zweiten Vatikanums, den Pionier einer engen Zusammenarbeit zwischen Ortskirche und Weltkirche. Ich grüße sehr herzlich den Vorsitzenden der Deutschen Bischofskonferenz, Kardinal Höffner, der in enger Verbindung mit dem Inhaber des Petrusamtes seine Erzdiözese umsichtig und sehr zielstrebig führt und leitet. Als Fachmann auf dem Gebiet der Gesellschaft und Wirtschaft, der kirchlichen Soziallehre, erfreut er sich eines internationalen Ansehens und war selber entscheidend an der Abfassung des Konzilsdekretes über Kirche und Welt mitbeteiligt.

Da das geistige Profil und die Leistung der beiden Jubilare an anderem Ort, aus berufenem Munde gewürdigt wird, glaube ich, der Bedeutung des heutigen Tages zu entsprechen, wenn ich einen Satz aus der Lesung des heutigen dritten Sonntags im Jahreskreis wiederhole, um im Anschluß daran einige aktuelle Anliegen vorzutragen, die dem Vorsitzenden der Deutschen Bischofskonferenz und schließlich uns allen in diesen Tagen am Herzen liegen.

Kardinal Franz König

In der Lesung hörten wir die Feststellung des Apostels Paulus von dem einen Leib und den vielen Gliedern: „Gott aber hat den Leib so zusammengefügt . . ., damit kein Zwiespalt entstehe, sondern alle Glieder einträchtig füreinander sorgen – . . . in dem einen Geist wurden wir durch die Taufe alle zu einem einzigen Leib, Juden und Griechen, Sklaven und Freie. Und wir wurden alle mit dem einen Geist getränkt" (1 Kor 12, 12 ff). Das heißt: In der Gemeinschaft der Getauften mit Christus als dem Haupte sind alle rassischen und gesellschaftlichen Gegensätze aufgehoben, wird die Einheit und Frieden stiftende Mission der Kirche sichtbar.
Daraus leitet auch heute die Kirche das Recht ab, zu den großen gesellschaftlichen und zeitlichen Problemen der Welt Stellung zu nehmen. Das wird vom Konzil selber folgendermaßen begründet: „Die Sendung, die Christus der Kirche übertragen hat, bezieht sich zwar nicht auf den politisch-wirtschaftlichen Bereich; denn das Ziel, das Christus der Kirche gesetzt hat, gehört der religiösen Ordnung an. Dennoch fließen aus dieser religiösen Sendung der Kirche Licht und Kraft. So kann die Kirche beim Aufbau und bei der Festigung der menschlichen Gemeinschaft behilflich sein" (vgl. Franz König, Kirche und Welt, Wien 1978, 42).
Die Anwesenheit von Kardinälen und Bischöfen aus verschiedenen Ländern Europas, der Kölner Dom am schicksalsreichen Europastrom, die von der Kölner Diözese ausgehende Hilfs- und Dienstleistung für die überdiözesane Gemeinschaft in der Kirche verbinden sich zu einem bedeutungsvollen Zeichen in dieser Stunde. Denn heute geht es nicht mehr bloß um die religiöse Sendung der Kirche in dem einen oder anderen Lande, sondern um die religiöse Sendung der Kirche für ganz Europa, unsere gemeinsame Heimat.

Nicht den Ursprung vergessen . . .

Gesamteuropa weiß heute um eine Schicksalsgemeinschaft. Deswegen geht Europa heute daran, sich zusammenzuschließen. Schon im Herbst dieses Jahres sind die Wahlen für den Europarat vorgesehen, und im kommenden Jahr soll ein europäisches Parlament direkt durch die Bevölkerung gewählt werden. Der Rahmen für das kommende Europa ist im wesentlichen gezimmert. Jetzt wird es darauf ankommen, mit welchem Inhalt er gefüllt wird, welchen Dienst die Kirche hier leisten kann und leisten soll.

Die Bischöfe der Ortskirchen in Europa wollen in dieser Schicksalsstunde den Völkern dieses Erdteiles zurufen: Vergeßt euren Ursprung nicht. Als Europa entstand, war es vom Geist des Christentums geprägt und zusammengehalten. Karl der Große, der das erste gesamteuropäische Reich schuf, hat dieses Reich nur durch den Geist des Christentums zusammenhalten können, nicht allein durch die Macht des Schwertes und nicht allein durch den Buchstaben des Gesetzes. Europa ist von seiner Geburtsstunde an christlich geprägt. Die Berufung Europas zum Glauben reicht in die ersten Stunden des Christentums selber zurück. Sie geschah, als Paulus in einer nächtlichen Vision einen Mazedonier dastehen sah, der ihn bat: „Komm herüber nach Mazedonien und hilf uns" (Apg 16, 9). Seither ist das Christentum die wesentliche Hilfe und Grundlage Europas geworden. – Dieses Europa ist durchtränkt vom Geiste des Christentums. Von Europa gilt, was wir in der Lesung gehört haben: „Wir alle sind mit seinem Geiste durchtränkt" (1 Kor 12, 14). Eine Einigung Europas wird ohne diesen Geist kaum möglich sein. Die europäischen Völker haben sehr verschiedene Berufungen, Talente und auch Schwächen. Wir können nur dann zur größeren Völkerfamilie zusammenwachsen, wenn wir im Geiste Christi bereit sind, die Talente des anderen anzuerkennen, seine Fehler in Güte zu ertragen und mit den anderen die Last redlich zu teilen.

Denn in dieser europäischen Völkergemeinschaft gibt es Stärkere und Schwächere, Bessere und Geringere. Aber deswegen darf der Stärkere nicht zum Schwächeren sagen: „Ich brauche dich nicht", sonst wird er eines Tages erkennen, was uns die Lesung heute gesagt hat: „Gerade die scheinbar schwächeren Glieder des Leibes sind besonders notwendig" (1 Kor 12, 22).

Wenn wir mit nüchternem und realem Blick unsere Zeit und unsere Gesellschaft betrachten, müssen wir feststellen, daß Europa und seine Bewohner eine Krise durchleben. Ich glaube, daß die tiefste Wurzel dieser Krise der westlichen Welt die geistige Entwurzelung des Menschen ist. Der westliche Mensch ist im Laufe der letzten Jahrzehnte der Versuchung des Materialismus erlegen. Das Geistige hat er mehr oder weniger verraten und vergessen. Die wirtschaftlich-materiellen Interessen stehen eindeutig im Vordergrund. Das Geistige erstickt dabei, die geistige Liebe verkümmert. Europa ist politisch eingeklemmt zwischen den beiden Supermächten, wirtschaftlich von Krisen heimgesucht und innerlich geschwächt durch eine moralisch-religiöse Krise. Dieses Europa kann nur bestehen, wenn es klar um seine geistigen Fundamente weiß. Ein Europa ohne geistige Ordnung wird zum Spielball der Mächte. Die entscheidenden geistigen Grundlagen Europas sind Glaube, Familie und die Bereitschaft zum Opfer. Daran müssen wir festhalten.

Der Glaube zeigt dem Menschen Sinn und Ziel, woher und wohin, den letzten Grund und letzten Wert seines Lebens. Ohne Glaube findet das Gewissen keinen Grund, keine Kraft und keine Klarheit. Der Glaube ist die Verankerung des Menschen im Ewigen, die Bindung an das sittliche Gesetz und die Geborgenheit über den Tod hinaus. Wenn dieser Glaube fehlt oder faul ist, dann verändert sich das gesamte Gefüge der Gesellschaft; denn eine Gesellschaft ohne Gewissen, Sinn, Geborgenheit sieht anders aus als eine Gesellschaft, die vom Glauben als Fundament im wesentlichen getragen wird.

Familie – tiefste Gemeinschaft

Die Familie ist heute ebenso bedroht wie der Glaube. Aber wenn Europa ein geistiges Fundament haben will, dann braucht es die Familie und muß bereit sein, für das Gedeihen der Familie hohe Opfer zu bringen. Denn in der Familie erlebt der Mensch die tiefste und ursprüngliche Gemeinschaft. Woher soll der Mensch Brüderlichkeit lernen, wenn er keine rechten Brüder mehr hat, wo soll er Rücksicht lernen, wenn er sie nicht in der Familie erfahren hat, wo soll er Barmherzigkeit lernen, wenn er sie daheim nicht erlebt? Was soll dem Menschen noch heilig sein, wenn ihm seine eigene Familie nicht mehr heilig ist? Wo soll er Treue und innere Bindung lernen, wenn er sich nicht einmal mehr an Vater und Mutter, Bruder und Schwester gebunden weiß? Wo soll er noch glauben lernen an Wert und Würde eines Menschen, wenn man ihn selber nicht geschätzt und gewürdigt hat in seiner Familie? Wo soll er teilen lernen, wenn er daheim nicht geteilt hat? Ein Mensch ohne Familie kommt nicht über sein Ich hinaus zum Wir. Er wird auch die Völkerfamilie nicht begreifen und in ihr nicht leben können.

Diese Familie ist heute bedrängt von der Wirtschaft, vom Bildungswesen, von der Steuerpolitik, von totalitären Bestrebungen, vom Geiste der Zuchtlosigkeit und von vielen anderen Geistern, die den Ungeist unserer Zeit darstellen. Die Familie muß uns viele Opfer wert sein, sonst geht zugleich mit der Familie der Mensch unter und wird eine Nummer in einer zerfallenden Gesellschaft.

Bereitschaft zum Kreuz

Der Geist des Christentums hat sein Zentrum im Kreuz Christi und in Christi Auferstehung. Ohne diese Bereitschaft zum Kreuz und zum Opfer hat Europa kein geistiges Fundament. Die Bereitschaft zum Opfer muß sich zeigen als Mut zum

Einsatz auch für geistige Werte und Ideale. Wenn diese Opferbereitschaft fehlt, dann wird Europa den zerstörenden Kräften überlassen sein. Die geistigen Werte des Christentums sind alle nur zu haben um den Preis des Opfers. Wo diese Bereitschaft, dieser Mut zum Opfer fehlt, dort übernehmen die menschlichen Triebe die Herrschaft. Dort beginnt das Werk der Zerstörung, der Zersetzung, der Ichsucht und der Aggressionen. Wo der Opfermut fehlt, dort beginnt der Verfall, der Zweifel, der Egoismus.

Europa braucht für seine Einigung einige wesentliche Grundsätze und Werte, die außer Streit stehen; denn wo der Primat der geistigen Werte überhaupt fehlt, dort wird das Leben verwüstet durch die Vorherrschaft der wirtschaftlichen Interessen. Dann werden die Bedürfnisse künstlich aufgestachelt, der Weg in den Materialismus ist frei, die Gemeinschaft zerfällt. Wenn dann die innere Ordnung im Menschen zerfällt, wird man von außen Ordnung schaffen: Dann beginnt die Stunde der Gewalt. Dann schlägt die Freiheit in Diktatur um. Wenn man ein geistiges Vakuum schafft, muß man damit rechnen, daß Stürme kommen; denn jedes Vakuum lockt den Sturm an. Schon heute ist Europa bedrängend in Gefahr, zu einem bloß technokratischen Monstrum zu werden. Wir wollen aber weder ein bloß technokratisches noch ein totalitäres Europa.

Jede totalitäre Macht beansprucht nämlich das, was nur Gott zusteht. Sie beansprucht nicht nur die Arbeit des Menschen, sondern auch seine Seele. Sie fordert nicht nur Gehorsam, sondern auch innere Zustimmung. Sie erlaubt keine anderen Auffassungen, und sie will den Menschen zu seinem absoluten Glück zwingen. Sie verspricht, den neuen Menschen zu schaffen, der die Erde verändern wird zu neuen Idealen hin: eine Welt in totaler Gerechtigkeit, frei von jeder Herrschaft.

Wie sehr das Gegenteil der Fall ist, wissen wir alle. Heute zeichnet sich zum ersten Mal die Möglichkeit ab, besteht die Gefahr, daß eine totalitäre Macht zur Weltherrschaft gelangt. Der Anspruch auf diese Weltherrschaft wird täglich neu verkündet und angemeldet.

Wir wollen kein totalitäres Europa, weil wir sonst unsere Seele verraten würden. Wir wollen unser Gewissen nicht preisgeben; denn eine totalitäre Macht setzt sich selber an die Stelle des Gewissens. Für sie gibt es kein Gewissen, dem man mehr gehorchen muß als dem Menschen.

Die Kirche hat heute ihre nachkonziliare Krise noch nicht zur Gänze überwunden. Deswegen schauen manche auf die Kirche herab, als wäre sie nur eine unter den vielen Vereinigungen eines Landes. Manche wollen ihr heute die gesellschaftliche Position irgendeiner politischen Partei zubilligen, aber ihr die grundsätzliche gesellschaftliche Bedeutung absprechen. Die so denken, deuten die Zeichen der Zeit nicht richtig; denn der äußere Schein kirchlicher Schwäche ist trügerisch. Wie oft wurde das Ende der Kirche vorausgesagt, und doch ist sie an anderen Orten in neuer Kraft entstanden.

Die Machthaber im Osten wissen heute davon ein Lied zu singen. Sechzig Jahre lang haben sie sich darum bemüht, die Gesellschaft von den Kräften der Religion und der Kirche zu isolieren und die Bedeutsamkeit der religiösen Kraft der Kirche zu liquidieren. Aber heute spüren auch die Staaten des Ostens jene Kraft, die aus dem Inneren des Menschenherzens aufzubrechen beginnt. Eine spürbare religiöse Bewegung hat sich in den Staaten des Ostens erhoben, sowohl unter den Intellektuellen wie in den Kreisen der Jugend. Die Menschen fragen dort wieder nach dem Sinn des Lebens und nach der Würde der menschlichen Existenz. Sie fragen nach dem Woher und Wohin, sie fragen nach dem letzten Grund für das Gewissen und nach der letzten Legitimation jeder Autorität.

Sie verlangen gebieterisch eine Antwort auf die Frage nach dem Sinn des uferlosen Leids und der himmelschreienden Ungerechtigkeit.
In den gekreuzigten Staaten des Ostens erweckt Gott heute Propheten und Blutzeugen, heroische Männer und Frauen, die ihren Glauben freimütig vor dem Richter bekennen, so wie die Christen der Urkirche. Heroische Bekennerpriester, nicht zuletzt aus der orthodoxen Kirche, werden zu Verkündern inmitten von Unterdrückung und Bedrohung der Wahrheit, wie ein blendendes Licht inmitten der Dunkelheit. Man wagt es nicht mehr, sie zu deportieren; denn das Licht ist in der Dunkelheit schon zu weit bekannt und ersehnt worden.
Keiner von uns darf sich heute einer stumpfen Resignation oder kleingläubigen Nachgiebigkeit überlassen; denn Gott hat noch viel Volk, das auf seine Stimme hört. Den Menschen im Osten und Westen wird heute immer deutlicher bewußt, daß ein gottloses Leben ein sinnloses Leben ist und daß ein geistloser Materialismus dem Herzen nichts zu geben vermag. Die Menschen fragen heute immer unruhiger und stärker: „Wozu leben wir?" Der Vulkan im Menschenherzen brodelt heute in allen Ländern. Gott erweckt heute Menschen zum lebendigen Glauben, obwohl sie scheinbar von niemandem berufen werden. Es sind Propheten von alttestamentarischem Format. Junge Menschen lassen sich zu Tausenden heute vom Evangelium inspirieren, Entwicklungshelfer ziehen, von der Liebe Gottes geweckt, in ferne Länder.

Gott mit ungeteiltem Herzen dienen

Die Bewältigung der Krise gelingt durch jene Menschen, die Gott heute scheinbar ohne jede Mitwirkung von draußen selber beruft. Er zeigt ihnen den Absolutheitsanspruch des Evangeliums. Diese Menschen lassen sich von der Stimme Gottes zu einem neuen Radikalismus ihres Lebens rufen. Sie fühlen sich verlockt von der Möglichkeit, Gott mit ungeteiltem Herzen zu dienen.

Diese Menschen sind das eigentliche Lebenszentrum der Erneuerung, der Vergeistigung und der Gesundung – und zwar sowohl in der Gesellschaft als auch in der Kirche. Diese Menschen suchen in ganz neuer Weise nach der Wahrheit, nach Gott selber. Sie sind bereit, mit ihrem ganzen Leben einzutauchen in den Willen Gottes. Sie haben den Willen Gottes als Lebensform erwählt. Es sind betende Menschen, die von Gott selber getauft werden mit Feuer und Geist, so wie die Schrift es vorausgesagt hat. Es sind Menschen der Liebe, die zum Kreuz bereit sind, weil ihnen die Ideale mehr wert sind als ihr eigenes Leben. Sie haben ihr Leben Gott hingehalten, daß er es verwandelt, belastet und führt.

Solche Menschen verstehen es, daß es in unserer Zeit um einen gewaltigen Kampf zwischen Gut und Böse geht und daß sie sich in diesem Kampf bewähren müssen. Aber die Frontlinie verläuft nicht zwischen Ost und West, sie verläuft nicht zwischen Marxisten und Christen, sondern sie verläuft mitten durch die Institutionen, Bewegungen und mitten durch unser eigenes Herz hindurch. Nicht die Zugehörigkeit zu dieser oder jener gesellschaftlichen Gruppe entscheidet über Gut und Böse des Menschen, sondern die Bereitschaft für die Wahrheit und für die Liebe aus ungeteiltem Herzen.

Solche Menschen wollen keine faulen Kompromisse schließen. Sie haben es aufgegeben, sich von Feigheit, Angst und Kleingläubigkeit leiten zu lassen. Sie sind nicht mehr gewillt zu schweigen und sich immer noch einmal anzupassen. Sie reden nicht mehr um den Brei herum, sie verabscheuen unklare Aussagen, sie nennen die Dinge beim Namen. Und deswegen hört man auf sie. Sie haben sich aus der Knechtschaft des Bösen befreit, weil sie die Todesfurcht abgeschüttelt haben. Von ihnen gilt nicht mehr das erschreckende Wort aus dem Hebräerbrief: „So viele stehen infolge ihrer Todesfurcht

das ganze Leben lang im Banne der Knechtschaft" (Hebr 2, 15).
Wo aber die Kirche ihre Einheit und Frieden stiftende Macht ungehindert entfalten kann, dort können aus ihrer religiösen Sendung heraus Licht und Kraft einem vereinten Europa geschenkt werden. Und dort ist es möglich, den Egoismus und die Selbstsucht von Ländern und Machtgruppen deutlich zu machen, welche einer gerade heute so notwendigen Zusammenarbeit im Wege stehen, einem Zusammenwirken, wie es uns von der heutigen Lesung so eindrucksvoll nahegelegt wird: „Gott aber hat den Leib so zusammengefügt, daß er dem geringsten Glied mehr Ehre zukommen ließ, damit im Leib kein Zwiespalt entstehe, sondern alle Glieder einträchtig füreinander sorgen. Wenn darum ein Glied leidet, leiden alle Glieder mit! Wenn ein Glied geehrt wird, freuen sich alle anderen mit ihm. Ihr aber seid der Leib Christi, und jeder einzelne ist ein Glied an ihm" (1 Kor 12, 24–28).

Léon Arthur Elchinger, Bischof von Straßburg

FÜR EIN EUROPA DES HERZENS

Es ist Christus, der uns hier zusammengerufen hat. Sie haben soeben seine ernsten Mahnungen vernommen (Lk 14, 28–30; 6, 47–49) über das, was wir – verantwortungsvoll – zu tun haben, um ein Europa aufzubauen, das fest genug sein soll, um den Stürmen und Angriffen der heutigen Zeit zu widerstehen. Wir Christen und Katholiken dürfen nicht, wieder einmal, nur kritisierend zuschauen und dann langsam und schüchtern nachhinken.

Christus klopft an unsere Türe und bittet um Einlaß.

Das Straßburger Münster, Wahrzeichen des christlichen Elsaß, war im Laufe der Vergangenheit oft Zeuge furchtbarer Auseinandersetzungen. Es waren ideologische, religiöse, politische Kämpfe, die den alten Dom umtobten und ihn zeitweise zum Zankapfel widerstreitender Parteien oder Völker machten.

Heute ist das Münster von Straßburg Zeichen der Versöhnung geworden, Kathedrale der Rekonziliation. Von der Apsis des Chores leuchtet dem Besucher das große Europafenster entgegen. Es wurde im Jahre 1956 vom Europarat gestiftet und stellt die Mutter Gottes dar mit ausgebreiteten Armen, zugleich als Mutter aller Menschen und als Königin des Friedens. Darunter sind die Worte in lateinischer Sprache zu lesen: „Inmitten des 20. Jahrhunderts kamen die Völker Europas in Straßburg zusammen, um ihren Streitigkeiten ein Ende zu setzen."

Sie, meine lieben Brüder, haben die Chance als junge Menschen, als verantwortungsvolle Männer, eine Epoche der Weltgeschichte zu erleben, wo der Christ das Recht hat, offen

Bischof Léon Arthur Elchinger

und aufrichtig die wahren großen Fragen zu stellen. Deshalb dürfen Sie auch von der Kirche erwarten, daß sie Ihnen helfe, eine gediegene Antwort und Lösung zu finden.
Sie haben das Glück, in einer Zeit zu studieren und zu leben, wo gewaltige gesellschaftliche Umwälzungen sich vollziehen. Sie sind Zeugen eines wissenschaftlichen und technischen Fortschrittes, den man vor einigen Jahrzehnten nicht einmal ahnen konnte.
Aber damit ist Ihnen auch die ernste, verantwortungsvolle Pflicht auferlegt, den Menschen Europas zu helfen, in dieser verworrenen Zeit den rechten Weg zu finden, um inmitten der geistigen Öde und Leere unserer modernen Welt die Hoffnung nicht zu verlieren.
Wenn es um die Probleme der Zukunft geht, denkt jeder vor allem an die wirtschaftliche Krise, die unsere Länder heimsucht, und an die Mittel und Wege, diese Krise zu beschwören. Aber solche Lösungen können nur gefunden werden, wenn man sich bemüht, bis an die Grundwurzeln dieser Krise vorzustoßen. Und diese Wurzeln liegen nicht im Bereich der gesellschaftlichen Strukturen, sondern in der Tiefe des menschlichen Herzens. Die gefährlichste Krise, unter der wir leiden, ist nicht die soziale und wirtschaftliche, es ist vor allem eine geistige Krise: Es geht um die Erschütterung der Grundwahrheiten und Grundwerte des Lebens.
Haben wir nicht den Eindruck, daß viele von denen, die in unserer Zeit Verantwortung tragen, von falschen Grundsätzen ausgehen? Wird nicht oft das Mittel mit dem Zweck verwechselt? Sicher muß dem Verlangen nach Erleichterung des Lebens, nach Konsum und Komfort, Rechnung getragen werden; denn dies entspricht einem tiefen Bedürfnis des Menschen. Aber wir wissen auch, daß dies allein nicht genügt. Bei aller Behaglichkeit bleibt oft eine hartnäckige Unzufriedenheit auf dem Grunde der Seele. Je mehr man hat, um so mehr möchte man haben. Und wer ist je zufrieden? Man hat nie genug. Ständig erwacht das Verlangen nach anderen Dingen.

Was man zuerst ersehnte, war in Wirklichkeit nur ein Mittel zum Ziele, das dem Verlangen vorschwebte. Aber welchem Ziel zustreben?
Es handelt sich selbstverständlich nicht darum, den wahren Reichtum unserer europäischen Länder und den Wert unserer verschiedenen Kulturen herabzusetzen und zu verkennen. Aber man muß sich darüber klar sein, daß all die materiellen Vorteile, die dem Menschen bei uns geboten werden, nicht genügen, um ihn glücklich zu machen. Sie können geradesogut Neid, Mißgunst, Haß hervorrufen, ja sogar Ursache von neuen Kriegen werden. Die Geschichte liefert dafür zahlreiche Beweise. Sie zeigt allerdings, daß Besitz und Reichtum auch edlen Zwecken dienen können; denn sie geben die Möglichkeit, mit anderen zu teilen, ihnen zu helfen. Sie ermöglichen die Erhöhung des menschlichen Wertes und öffnen so einen Weg, der bis zu Gott führen kann.
Das ist die Grundperspektive, in der wir die Zukunft Europas vorbereiten müssen. Unsere Hauptsorge wird nicht das Problem der europäischen Währung sein, auch nicht die Frage, auf welche Weise die Einwohnerzahl Europas erhöht werden kann, so wichtig diese Fragen sein mögen. Die Hauptfrage wird nicht die sein, ob das Europa von morgen genug Menschen und Arbeitskräfte zählt, sondern welches die humane Qualität dieser Menschen sein wird, wovon sie innerlich bewegt sein werden. Ob sie noch wahre Menschen oder nur Roboter sein werden. Wird es ihnen überhaupt noch möglich sein, voll und ganz Mensch zu bleiben mit persönlichem innerem Leben, Menschen, denen es ein Anliegen ist, über sich selbst hinauszuwachsen und der Liebe fähig zu sein? Denn das ist es, was den wahren und ganzen Menschen ausmacht. Und auf das kommt es vor allem an.
In diesem Sinn und zu diesem Zweck möchte ich Ihnen drei Überlegungen vorschlagen, die unser aller Verhalten und Bemühen bestimmen sollen, die aber besonders für Sie als Akademiker mir von besonderer Bedeutung zu sein scheinen.

Denn als Akademiker haben Sie den Vorteil und damit auch die Pflicht, klarer zu sehen auf Grund einer umfangreicheren Bildung. Mehr als anderen obliegt Ihnen deshalb die Aufgabe, sich die Schlüssel für das Tor des künftigen Europas zu verschaffen. Dabei muß Ihnen wohl bewußt sein, daß es ein Europa des Friedens für die ganze Welt sein soll, um dieser Welt neue Verwicklungen, neues Unheil, neue Kriege nach Möglichkeit zu ersparen.

Bereuen

Der erste Schlüssel, der uns eine gesunde Zukunft erschließt, heißt Bereuen. Ja, bereuen! Haben Sie schon darüber nachgedacht? Europa ist in gewissem Sinne der reichste Kontinent, der am meisten beschenkt wurde. Gewiß, wir haben nicht die reichsten Bodenschätze. Wir haben aber die blendendste Kultur, geschaffen von zwei Hauptströmungen, die vom Geiste des Mittelmeeres und vom Geiste der Rheinlande zusammenfließen.

Auch dürfen wir nicht vergessen, daß Europa als erster Kontinent mit dem Christentum vertraut wurde und daß ein unvergleichbarer geistiger Aufbruch die Folge davon war. Unsere Kathedralen sind unter anderm beredte Zeugen dafür. So wäre Europa die Aufgabe zugefallen, den anderen Ländern eine große Botschaft des Heiles zu bringen, eine Botschaft der Weisheit, der Gerechtigkeit, der Menschenfreundlichkeit, der universalen Liebe, wie sie uns in der authentischen Tradition des Evangeliums gegeben ist. Im Gegensatz dazu haben die christlichen Kirchen sich gespalten und so den Geist der Zusammengehörigkeit der Völker und Nationen in erheblicher Weise geschwächt. Das bedeutet für Europa eine geistige Degradation, die sich heute noch verderblich auswirkt.

Anderseits haben wir dadurch gefehlt, daß wir es nicht verstanden haben, die Achtung vor Menschen anderer Rassen zu pflegen. Von Europa ging doch die große Bewegung der Kolo-

nisation aus. Es waren Christen aus Europa, die im 16. Jahrhundert in fernen Ländern eine neue Sklaverei betrieben haben, die zuweilen die Sklaverei des heidnischen Altertums an Grausamkeit übertraf.
Und wie konnte es so weit kommen, daß die Christen Europas durch ihre Kurzsichtigkeit, die Schwäche ihres Glaubens, ihre Unehrlichkeit, ihren Mangel an Erfindungsgabe und besonders durch ihren engen selbstsüchtigen Individualismus schuldig wurden an der Entstehung und weiten Ausbreitung des atheistischen Marxismus?
Schließlich müssen wir feststellen, daß der materielle Reichtum und Überfluß uns oft zu Verschwendern gemacht hat, weil wir an Geist und Seele arm geworden waren. Und zur gleichen Zeit gibt es Länder, wo viele Menschen an Hunger leiden!
Dann stellt sich die Frage: Was ist nun zu tun?
Zuerst anerkennen und bereuen, was wir gefehlt haben, und zwar bereuen in aller Aufrichtigkeit, mit klarer Einsicht und mit praktischen Entschlüssen. Nach so schweren Irrtümern, die so viel Unheil zur Folge hatten, ist die Reue das erste feste Stück Boden, von wo aus der Vormarsch zum Bau einer neuen Zukunft unternommen werden kann.
Doch wollen wir uns nicht von einem übertriebenen Schuldbewußtsein belasten lassen; denn diejenigen, die gegen Europa Klage erheben, sind auch keine Heiligen. Bei ihnen finden sich oft dieselben Fehler wie bei uns. Auch sie widersprechen sich und streiten gegeneinander.

Rettung der Transzendenz des Menschen

Ein zweiter Schlüssel, der die Tür der Zukunft Europas öffnet, heißt: Rettung der Transzendenz des Menschen. Das griechisch-lateinische Erbe, bereichert vom christlichen Glauben, gipfelt in der Achtung des Menschen, vor allem in der

Achtung seiner Freiheit. So sind von Europa Bewegungen ausgegangen, die neue Formen der Freiheit brachten, wie zum Beispiel die Demokratie und im Mittelalter die Freiheit, die sich die freien Reichsstädte erkämpften.

Nie darf der Mensch zu einem Mittel degradiert werden, zu einem reinen Produktionswerkzeug, wie es heute oft geschieht. Die Transzendenz des Menschen muß neu entdeckt und respektiert werden. Diese hat ihre Begründung und ihr Ziel in der göttlichen Bestimmung, die jedem Menschen gegeben ist.

Wir müssen uns dem Mythos und dem Primat des Kollektivs widersetzen. Denn damit ist eine neue Form der Unterdrükkung der Person gegeben. In der Masse löst sich die Person auf; sie wird zum Opfer jeder Manipulation und zum Sklaven des Kollektivs.

Es gibt auch eine Auffassung der Gleichheit, einen Egalitarismus, der die Vitalität lähmt, weil er von unten her nivelliert und alles unterbindet, was zur Höhe strebt. So werden der Sinn und die Anregung zur vollen Hingabe, das Bemühen um Fortschritt, die Wertschätzung der Qualität gelähmt. Wir sehen, welche Verarmung dies bedeutet.

Wir müssen uns darüber klar werden: Wollen wir ein Europa des Magens, ein Europa des materiellen Komforts und der zügellosen Instinkte, oder werden wir schließlich doch davon überzeugt sein, daß unsere Superiorität nur darin bestehen kann, daß wir ein Europa des Geistes, ein Europa des Herzens schaffen wollen?

Dies gibt uns einen dritten Schlüssel in die Hand, der uns die Tür zu einem Europa öffnet, das seine originelle Gestalt hat und nicht sein Vorbild und Ideal bei anderen, etwa bei den Vereinigten Staaten, entlehnen müßte. Es kann keine Standard-Formel für Europa geben. Nicht Reduzierung der verschiedenen Partner auf ein einziges Modell kann Leitbild für das künftige Europa sein.

Ein vernünftiger Pluralismus

Nur ein vernünftiger Pluralismus, und dies ist der dritte Schlüssel, kann zum Ziele führen, in dem die gegebenen Verschiedenheiten bestehen bleiben und so den Austausch der verschiedenen Güter und Werte möglich machen. Eben dieser Pluralismus kann ein Klima schaffen, in dem die Transzendenz des Menschen ihren Schutz findet. Er kann dem Menschen helfen, einzusehen, daß seine wahre Größe nicht im Aufgeben seiner persönlichen Originalität besteht, sondern sich wohl verträgt mit der Betonung dessen, was ihn von andern unterscheidet. Dieses Prinzip des Pluralismus in der Anerkennung der kulturellen und sozialen Verschiedenheiten darf nicht als eine Art Konzession betrachtet werden, ein Zugeständnis aus Höflichkeit für die andern. Es ist vielmehr im göttlichen Schöpferwillen begründet, der ja seine Gaben in vielfältiger Weise verteilt. Wir müssen die Mannigfaltigkeit Gottes verwirklichen.
Denken Sie zum Beispiel an die amerikanischen Museen. Ihr Reichtum besteht hauptsächlich darin, daß sie die verschiedensten Kunstwerke aus unseren europäischen Ländern erwarben. Und wir wären bereit, den Reichtum unserer Verschiedenheiten aufzugeben!

Zum Abschluß:
Wenn auch gemeinsame politische und wirtschaftliche Strukturen unerläßlich sind, so ist es doch vor allem der Geist, der Europa schafft. Und dieser Geist kann weder von obenher kommandiert noch durch den Druck der Verhältnisse von außenher erzeugt werden. Er muß im Inneren des Menschen gepflegt werden. Er ist Sache des Gewissens und des Herzens.
Europa braucht eine Seele.

Kardinal Joseph Höffner, Erzbischof von Köln

DIE VERANTWORTUNG DER CHRISTEN FÜR EUROPA

Geographisch ist Europa eine Halbinsel Asiens. Wegen seines einzigartigen geistigen Profils und wegen seiner außergewöhnlichen Bedeutung für die Geschichte und die Kultur der ganzen Menschheit wird Europa jedoch mit Recht als eigener Kontinent verstanden, der vom Ural, vom Kaspischen und vom Schwarzen Meer und vom Nordmeer sowie vom Atlantik begrenzt wird. Europa, das einschließlich des europäischen Teils der Sowjetunion ein Gebiet von rund zehn Millionen Quadratkilometern umfaßt, ist mit weit über 500 Millionen Einwohnern der am dichtesten besiedelte Erdteil. In Europa zählen wir etwa 60 Sprachen. 206 Millionen Europäer sprechen slawische Sprachen, 181 Millionen germanische und 169 Millionen romanische Sprachen.
Einheit heißt nicht Gleichschaltung. Ein großer Europäer, der heilige Thomas von Aquin, hat im hohen Mittelalter gesagt, daß die nivellierende Gleichschaltung die Einheit zerstört, genauso wie Musik und Symphonie aufhören, „wenn alle denselben Ton singen"[1]. *[Anm. am Ende des Beitrages, S. 49]*
Europa ist voller Vielfalt. Viele Kräfte haben an Europa mitgebaut: die griechische und die römische Antike, die romanischen, germanischen, slawischen und keltischen Völker. Das Christentum jedoch hat Europa mit seinem Geist durchtränkt und als einheitsstiftende Kraft gewirkt. „Es steht fest", sagte Papst Pius XII. am 13. Juni 1955 zu den Teilnehmern des Europa-Kongresses, „daß die christliche Heilsbotschaft für Europa wie der Sauerteig im Brotteig war, der in ihm wirkte und ihn quellen ließ; ebenso fest steht aber, daß diese gleiche Botschaft heute wie gestern den höchsten aller Werte dar-

Kardinal Joseph Höffner

stellt, deren Sachwalter Europa ist." Das Christentum hat den „esprit pharaonique" des antiken Staates überwunden und Europa davor bewahrt, „eine Halbinsel Asiens" zu werden (Wilhelm Röpke, Civitas humana, Zürich 1946, Seite 197).
Es ist ergreifend, wie sehr sich der heilige Paulus innerlich gedrängt fühlte, die Frohbotschaft Christi vom Heiligen Land nach Europa zu tragen. In Troas, vor den Toren Europas, hatte er „in der Nacht ein Gesicht". Ein Mazedonier, ein Europäer, stand da und bat ihn: „Komm herüber . . . und hilf uns" (Apg 16, 9). Vor allem die Hauptstadt des damaligen Europa und des Römischen Reiches, das die Völker von Britannien bis Ägypten, vom Kaspischen Meer bis nach Spanien zu einer großen politischen Einheit zusammengefaßt hatte, lockte den Völkerapostel. Die Gründung einer Christengemeinde in Rom galt ihm als Höhepunkt der von Jerusalem ausgehenden Missionierung. Rom war Symbol des „Katholischen", des Allumfassenden. Als Paulus in Ephesus predigte, sagte er: „Ich muß Rom sehen" (Apg 19, 21). In Jerusalem erschien ihm Jesus in der Nacht im Gefängnis und sagte zu ihm: „Hab Mut . . . Du sollst in Rom mein Zeuge sein" (Apg 23, 11). Wir können uns vorstellen, welche Freude in dem kleinen Satz der Apostelgeschichte verborgen ist: „Und so kamen wir nach Rom" (Apg 28, 15). Es war wohl im Frühjahr des Jahres 61.
Aber es geht uns in dieser Stunde nicht um das frühe Christentum und nicht um das Mittelalter, nicht um die Ursprünge Europas, sondern um Europa in unserer Zeit. So will ich denn von der Last Europas, von der Bedrohung Europas und von der Sendung Europas sprechen.

I. Die Last Europas

Europa ist von einzigartiger Sprengkraft erfüllt. In den letzten Jahrhunderten sind von Europa sieben umwälzende Bewegungen ausgegangen und um die ganze Erde gewandert. Sie haben

Spuren hinterlassen, die noch nach Jahrtausenden erkennbar sein werden. Die Geschichte Europas hat weltgeschichtliche Dimensionen angenommen, so daß man von der „Europäisierung der Welt" zu sprechen pflegt. Ich meine folgende sieben Bewegungen:

1. Weltmission

Die Kirche ist gesandt, die Frohbotschaft Christi „allen Völkern" (Mt 28, 18) „bis an die Grenzen der Erde" (Apg 1, 8) zu verkündigen. Getreu diesem Auftrag hat die Kirche Kleinasiens und Europas von Anfang an das Evangelium von Nachbarvolk zu Nachbarvolk in die damals bekannte Welt weitergetragen, wobei die Missionsmethoden nicht immer unbedenklich gewesen sind.
Im Zeitalter der Entdeckungen nahm das Missionswerk der europäischen Christenheit zum erstenmal *globalen* Charakter an. Ganze Erdteile – Amerika, Australien – wurden christlich. Häufig begannen die Missionare im Gefolge der europäischen Entdecker und unter dem Schutz der Kolonialmächte das Werk der Evangelisation. Die oft engen Beziehungen der Glaubensboten zu den Kolonialbehörden erweckten bei der einheimischen Bevölkerung den Eindruck, die christliche Mission sei eine Begleiterscheinung des europäischen Kolonialismus. So konnte es nicht ausbleiben, daß mit dem Zusammenbruch des Kolonialismus auch die christlichen Missionen in vielen Ländern in eine Krise gerieten.[2]

2. Kolonisation

In der Antike galt die Gründung von Kolonien als hervorragende kulturelle Tat, was schon der von „colere" abgeleitete Name andeutet. Colere, ein Schlüsselwort der lateinischen Sprache, bedeutet: aufbauen, bebauen, pflanzen, pflegen, hegen, schmücken, verehren, anbeten, feiern, heilig halten, lie-

ben. Kult und Kultur sind von colere abgeleitet.[3] Die Stadt Köln ist stolz, Colonia zu heißen.
Von Europa sind zwei Formen der Kolonisation ausgegangen.
Die erste Form hat eine gewisse Verwandtschaft mit der klassischen Kolonisation. Es entstanden außerhalb Europas Nationen mit europäischen Sprachen und Kulturen: die Vereinigten Staaten, Kanada, die Staaten Latein-Amerikas, Australien, Neuseeland, Südafrika.
Die zweite Form wird – abwertend – „europäischer Kolonialismus" genannt. Zu Beginn des 20. Jahrhunderts hatte er seine Herrschaft auf fast alle schwachen überseeischen Länder ausgedehnt, wobei wirtschaftliche und politische Interessen, Prestigefragen, Entdeckerfreude, zuweilen auch ein irrationales zivilisatorisches „Sendungsbewußtsein" die Beweggründe waren. Der wirtschaftliche Gewinn war häufig – etwa bei den deutschen und italienischen Kolonien – geringer als der Aufwand.
Die Auswirkungen des europäischen Kolonialismus dauern auch nach seinem Zusammenbruch fort. Nirgendwo ist eine Rückkehr zu den früheren Zuständen möglich. Rückt man den europäischen Kolonialismus in das Licht der christlichen Grundsätze, wird man beschämt eingestehen müssen, daß der Kolonialismus in seinen wesentlichen Äußerungen nicht vor dem christlichen Gewissen bestehen kann. Gewaltsame Beseitigung der politischen Selbständigkeit, wirtschaftliche Ausbeutung und sonstige Demütigungen waren die Regel, wenn auch nicht übersehen werden darf, daß tüchtige Kolonisatoren „manchem bettelarmen Land ihr Wissen und ihr Können zur Verfügung gestellt . . ., die Unwissenheit und die Krankheit zurückgedrängt, neue Verbindungswege eröffnet und die Lebenslage verbessert" haben[4].

3. Technisch-industrielle Revolution

Gestützt auf die Naturwissenschaften und angetrieben durch die freie Konkurrenzwirtschaft bemächtigte sich der europäische Mensch als erster systematisch der Naturkräfte und bannte sie in die physikalische, chemische und biologische Technik, die von Europa ausgehend überall auf Erden zur Grundlage der Wirtschaft und gleichsam zum Skelett der Weltzivilisation geworden ist. Es wurden gewaltige wirtschaftliche Leistungen vollbracht. Aber zugleich begannen überall dort, wohin die technische Revolution vordrang, die klassenkämpferischen Auseinandersetzungen. Auch ließ das Massenangebot an Gütern und Diensten die Konsumenten-Mentalität mit all ihren Problemen entstehen. Der technische Fortschritt wurde zu alledem rücksichtslos vorangetrieben, so daß die Biosphäre durch Raubbau und Verschmutzung schwer geschädigt worden ist.

Mit einer ganz anderen Einstellung haben die Orden der Benediktiner und Zisterzienser im Mittelalter das Land kultiviert. „Macht euch die Erde untertan" (Gen 1, 28) heißt: Macht euch die Erde zu einem menschenwürdigen Lebensraum. Der Vorwurf, das Christentum habe die Menschen gelehrt, die Erde auszubeuten und damit der modernen Technik mit ihrer Verpestung der Umwelt das Tor geöffnet[5], ist unhaltbar. Selbst der sowjetrussische Wissenschaftler Karl Kantor meint, die Einstellung des Christentums zur Natur sei „viel komplexer und reicher"; man brauche nur an die „rührend kontemplative Verehrung der Natur im Geist des Franziskus von Assisi" zu denken[6].

4. Verwissenschaftlichung

In Europa hat sich seit der Aufklärung mehr und mehr die Meinung durchgesetzt, daß die *wissenschaftliche* Aussage die einzig gültige sei und mithin jeder Anspruch auf Gültigkeit wissenschaftlich erwiesen werden müsse. Auch diese europäische These, daß alle Lebensbereiche wissenschaftlich bearbeitet werden müßten, ist inzwischen um die ganze Erde gewandert. Man spricht von der „Allgegenwärtigkeit der Wissenschaft im gesamten System der Industriekultur" (Hans Freyer): in Technik, Wirtschaft, Rechtspflege, Medizin, Pädagogik, Sozialversicherung, Verkehrswesen, Kriegswesen und so weiter.

Die „Verwissenschaftlichung aller Praxis" ist in Europa und in aller Welt mit einer erstaunlichen Wissenschafts*gläubigkeit* verbunden. Zur Begründung weist man darauf hin, daß die Ergebnisse der Wissenschaft kontrollierbar und methodisch nachvollziehbar und insofern objektiv gültig seien. Damit ist freilich der Anspruch auf *Wahrheit* preisgegeben. Denn die Frage, ob die Welt an sich, „in Wirklichkeit" so ist, wie die wissenschaftliche Formel lautet, bleibt in der Schwebe. Man begnügt sich damit, die Welt intellektuell und praktisch – im Dreiklang: Wissenschaft – Technik – Wirtschaft – „beherrschen" zu können. Das „rechnende Denken" hat sich weithin auch der Human- und Sozialwissenschaften bemächtigt und die Meinung aufkommen lassen, alles sei beliebig verfügbar. Aber die Wissenschaft ist nicht die einzige Gestalt des Geistigen. Älter als das Denken in Worten ist das Erkennen in Bildern und Symbolen.

Zugleich folgert man aus der wissenschaftlichen Objektivität, daß die Wissenschaft „wertfrei" sei und sein müsse, daß Werte und Normentscheidungen mithin nicht zum Inhalt des wissenschaftlichen Prozesses gehören. Hier stehen wir vor einem für die sittlichen Werte und Werthaltungen fundamentalen Problem: Wissenschaft, die eine „Beherrschung" des von ihr erschlossenen Bereichs gestattet und es zugleich ausdrücklich ablehnt, die regelnden Normen für diese Beherrschung zu erbringen, gerät in Gefahr, beliebig von außen manipuliert zu werden.

5. Demokratische Emanzipationsbewegung

Zugleich mit der technisch-industriellen Revolution ist die gegen gesellschaftliche Zwänge und feudale Systeme gerichtete politisch-soziale Emanzipationsbewegung – von Europa ausgehend – um die ganze Erde gewandert.
Sie hat in der Französischen Revolution mit all ihren Grausamkeiten ihre Wurzeln und steht oft genug ihrem Vorbild an Grausamkeit nicht nach. Politisch-soziale Emanzipation gilt als Verwirklichung der Demokratie, der Selbstbestimmung, der Freiheit und der Menschenrechte. Sie ist oft – besonders in der Dritten Welt – mit einem fieberhaften Nationalismus verbunden. Die Idee der demokratischen Emanzipation ist so stark, daß sich selbst die kommunistischen Diktaturen demokratisch zu legitimieren suchen.
Eine totale, alle Geborgenheit und Bindung abwerfende Emanzipation würde das christliche Erbe Europas verraten. Der heilige Augustinus schreibt, es sei schlimm, wenn jemand sage: „Ego solus, ego solus, et nemo“: „Ich allein, ich allein bin mir wichtig, sonst niemand.“
Hinter einer solchen Befreiungsneurose steht ein böses Menschenbild, das Bild eines Menschen, der sich niemandem zu verdanken hat, der keinen braucht, der auf keinen angewiesen ist, der keinen liebt und von keinem geliebt wird. Emanzipation heißt: „aus der Hand schlüpfen“. Aber wir dürfen nicht aus allen bergenden Händen fliehen, vor allem nicht aus der Hand Gottes, der uns, wie die Heilige Schrift sagt, „in seine Hände geschrieben hat“ (Jes 49, 16). Damit soll nicht geleugnet werden, daß es eine berechtigte Emanzipation gibt, im Sinne der Befreiung des Menschen von Abhängigkeiten, die seiner Würde widersprechen.

6. Ideologischer Kolonialismus

Nach dem Zusammenbruch des politischen Kolonialismus beginnt ein ideologischer Kolonialismus in der Gestalt des Marxismus, einer typisch europäischen Ideologie, sich auf der ganzen Welt auszubreiten. Der „Erlöser", der die ganze Menschheit zum irdischen Paradies führen wird, ist das Proletariat, dem Karl Marx einen pseudo-christlichen Heilsauftrag zuweist. Er stellt das Proletariat als säkularisierten „Gottesknecht" (Jes 53, 1–12), gleichsam als „Ecce-Homo" vor uns hin: eine Klasse mit „radikalen Ketten", die „einen universellen Charakter durch ihre universellen Leiden besitzt", an der „kein besonderes Unrecht, sondern das Unrecht schlechthin" verübt wird, eine Klasse, die sich „nicht emanzipieren kann", ohne alle übrigen Schichten der Gesellschaft zu „emanzipieren", eine Klasse, die „der völlige Verlust des Menschen ist, also nur durch die völlige Wiedergewinnung des Menschen sich selbst gewinnen kann"[7].

Die marxistische Ideologie, die in der europäischen Aufklärung, im deutschen Hegelianismus und im säkularisierten alttestamentlichen Messianismus wurzelt, wälzt sich als fremde Macht über die einheimischen Kulturen Afrikas und Asiens. Im Grunde ist der Marxismus die vorchristliche Verherrlichung der Macht des Kollektivs, das heißt der Macht über Menschen, ein Anti-Evangelium, das auf der ganzen Welt nicht nur propagandistisch, sondern mit Gewalt verbreitet wird.

In Europa greift der Kommunismus – in spät-marxistischen Zuckungen – nicht zuletzt in der schillernden Form des Euro-Kommunismus, der den christlichen Glauben auf die Dimension eines gesellschaftlichen Protestes verkürzen möchte, erneut um sich. Auch die typisch europäische Bewegung des *Faschismus* hat auf einige außereuropäische Länder eine gewisse Anziehung ausgeübt. Der Faschismus kann jedoch – was die Ausstrahlungskraft angeht – nicht mit dem Marxismus verglichen werden. Im übrigen haben beide Ideologien manches gemeinsam. Stalin, Hitler und Mussolini haben sich ihre „gegenseitige Bewunderung" ausgesprochen[8].

7. Säkularismus

Mit Säkularismus ist nicht das Ernstnehmen der irdischen Wirklichkeiten gemeint. Der christliche Glaube erkennt die relative Eigenständigkeit des Staates, der Wirtschaft, der Wissenschaft, der Kunst und so weiter an. Die mittelalterliche Vermengung des religiösen und profanen Bereichs war kein christliches Ideal. „Gewisse Geisteshaltungen, die einst auch unter Christen wegen eines unzulänglichen Verständnisses für die legitime Autonomie der Wissenschaft vorkamen", werden vom Zweiten Vatikanum bedauert[9].

Demgegenüber bedeutet „Säkularismus" das Absolutsetzen der irdischen Werte im Sinne einer innerweltlichen Heilshoffnung, mag es nun der Glaube an die technokratisch vorangetriebene Wohlstandssteigerung oder die Hoffnung auf das kommende sozialistische Reich der Freiheit sein. Gott wird gleichsam aus der Schöpfung verdrängt. Der Säkularismus führt überall, wohin er vordringt, zur Krise der Religionen, auch der Stammesreligionen, zur Verunsicherung der sittlichen Werte und zur Erschütterung der Ehe und Familie.

II. Die Bedrohung Europas

Die Last, die Europa weltweit auf sich genommen hat, wirkt sich in verschiedener Hinsicht zugleich als innere Bedrohung Europas aus. Seit dem Beginn der Neuzeit hat Europa einen tiefgreifenden Wandlungsprozeß durchgemacht, der zur Schwächung des christlichen Glaubens und zur Verwirrung der in ihm verankerten Einsichten in das Wesen des Menschen geführt hat.

Osteuropa wird von einer totalitären Supermacht beherrscht. Westeuropa, das zum Objekt der Machtblöcke zu werden droht, ist politisch, religiös und weltanschaulich zerrissen. Es hat die Kontinuität der christlichen Tradition weithin verloren und sich in „einen gefährdeten und instinktunsicher gewordenen Erdteil verwandelt"[10]. Bei aller Widersprüchlichkeit der weltanschaulichen Atmosphäre lassen sich doch vier Grundzüge erkennen.

Erstens:
In Westeuropa herrscht eine verwirrende Vielfalt und Gegensätzlichkeit der religiösen, weltanschaulichen und sittlichen Anschauungen. Der religiös-weltanschauliche Pluralismus ist eigentlich nichts Neues für die Kirche. Im spätantiken Kulturraum herrschte ein so üppiger Pluralismus der Religionen und der Mysterienkulte, daß man geradezu von einem „religiösen Chaos" sprechen kann[11].
Aber jener Pluralismus war anderer Art als der moderne. Die spätantike Welt war von einer dichten religiösen und metaphysischen Atmosphäre erfüllt, während der moderne Pluralismus eher die religiöse Gleichgültigkeit und den Indifferentismus fördert. Die verschiedenen Weltanschauungen konkurrieren miteinander. Über die Schule und die Massenmedien, über die tagtägliche Begegnung mit anderen Vorstellungen und Auffassungen wird die eigene Überzeugung leicht relativiert. Geistig-religiöse Schonräume werden frühzeitig zerstört, und bereits Kinder sind schweren sittlichen und religiösen Belastungen ausgesetzt.

Zweitens:
In Europa löste sich die Gesellschaft aus der vom christlichen Glauben und vom kirchlichen Leben geprägten Kultur. Der christliche Glaube, der den Menschen aus den innerweltlichen Verkrampfungen befreit und ihm Hoffnung auf die ewige Zukunft schenkt, wurde mehr und mehr von weltimma-

nenten Fortschrittsideologien verdrängt, die an die Machbarkeit einer diesseitigen paradiesischen Zukunft glauben. Man hat diese utopischen Ideologien „gefallene Töchter" der christlichen Hoffnung genannt. Den Ausdruck „Fortschritt" hat übrigens erst Christlob Mylius (1722–1754), der Herausgeber der Zeitung „Der Freygeist", um das Jahr 1750, also mitten im Zeitalter der Aufklärung, in die deutsche Sprache eingeführt.

Das Neue Testament spricht von Fortschritt in einem doppelten Sinn. „Fortschritt" bezeichnet einerseits das uns durch Gottes Erbarmen geschenkte Fortschreiten im Glauben und in der Christusnachfolge (1 Tim 4, 15; Phil 1, 25), also den „Fortschritt des Evangeliums" (Phil 1, 12), andererseits den Fortschritt der Häresie, die „wie ein Krebsgeschwür" fortschreiten und um sich fressen wird (2 Tim 2, 16–17; 3, 13). Es kommt also darauf an, was man beim Fortschritt verläßt und auf was man zugeht. Die Jünger „verließen ihre Netze" und gingen auf Jesus zu (Mt 4, 20; 19, 27). Der Mensch kann aber auch beim Fortschreiten den Herrn verlassen und fremden Göttern nachlaufen (Dtn 11, 16; Jos 22, 16; Ri 2, 12; Jes 1, 4). Er kann den „rechten Weg" verfehlen (2 Petr 2, 15), die „erste Liebe" aufgeben (Offb 2, 4) und „immer mehr in die Gottferne fortschreiten" (2 Tim 2, 16).

Richtig verstanden sind Fortschreiten und Bewahren keine Gegensätze, sondern zwei für den Menschen lebensnotwendige Grundhaltungen. Nicht alles Frühere ist bewahrenswert. Es gibt in manchen Bereichen ein berechtigtes „Fort" vom Bisherigen. Bewahrenswert ist das überzeitlich Gültige. Hier ist ein ständiges „Zurück zu den Ursprüngen" nötig. „Wenn du trinkst, gedenk der Quelle", sagt das Sprichwort. „Wer die Quelle sucht, muß gegen den Strom schwimmen", schreibt der polnische Dicher Jercy Lec. Der Christ soll nicht konformistisch mitschwimmen, sondern Wellenbrecher sein.

Drittens:
Im Bewußtsein vieler Menschen Europas überwiegen die innerweltlichen Interessen, und zwar in einer bestimmten Qualität. Ich meine die auffallend starke Wertung des materiellen Lebensstandards. Reklame und Reizüberflutung drängen in dieselbe Richtung.
Kulturhistoriker pflegen zu sagen, daß drei Mächte die Weltgeschichte in Bewegung halten: der Hunger, die Liebe und die Macht; und es sei kein Zufall, daß sich im Heidentum in diesen drei Bereichen besondere Götter angesiedelt hätten: Ceres, Aphrodite und Mars – Gottheiten des Brotes, des Eros und des Krieges.
Auch heute sind diese drei Mächte – die Besitzgier, die Geschlechtsgier und die Machtgier – am Werk, und manch ein Mensch ist versucht, in ihnen etwas Bannendes zu sehen, gemäß dem Wort der Schrift: „Was meine Augen nur wünschten, verweigerte ich ihnen nicht, und meinem Herzen schlug ich keine seiner Lüste ab" (Koh 2, 10). Das kann zu einem Sich-Verkrampfen des Menschen im eigenen Begehren führen. Denn jene drei Mächte vermögen mit der Gewalt des Unmittelbaren im Herzen aufzubrechen und den Menschen in tiefe Lebenswirrnisse zu stürzen und die sittlichen Maßstäbe durcheinanderzuwerfen.
Die Heilige Schrift zählt jene drei Mächte zur „Welt". „Habt die Welt nicht lieb; denn alles, was in der Welt ist, die Begierde des Fleisches, die Begierde der Augen, die Prahlerei des Lebens, stammt nicht vom Vater, sondern kommt aus der Welt" (1 Joh 2, 16). Hier ist mit Welt nicht die sichtbare Schöpfung gemeint, die Gott als gute Welt in ihrer Größe und Schönheit erschaffen und den Menschen anvertraut hat, so daß das Zweite Vatikanum sagen konnte: „Die Siege der Menschheit sind Zeichen der Größe Gottes" (Gaudium et spes 34). Welt bedeutet vielmehr den Inbegriff der gottfeindlichen Mächte. Sie ist das Symbol dessen, was sich vor Gott verschließt und in sich selbst verkrampft. „Ein in sich ver-

krampfter Humanismus ist jedoch ein unmenschlicher Humanismus" (Populorum progressio 42).

Viertens:
Mit dem Materialismus hängt die Abkehr von Gott zusammen. Nicht wenige wollen an die Stelle des Glaubens an Gott den Glauben an den Menschen setzen. Wenn Gott jedoch verdrängt wird, brechen in das leere Herz Ersatzfaszinationen ein: die Traumwelt der Utopie, der Aberglaube und die Astrologie, die Drogensucht und der Sexualrausch, Starkult und technische Hybris, Gewalttat und Terror. Die jahrelange Zersetzung der sittlichen Werte, die Verhöhnung der rechtsstaatlichen Ordnung und die Ausbreitung des Terrors haben viele Menschen verunsichert und an Gewalttaten gewöhnt. Auf diese Weise wird ein Volk für die Brutalität totalitärer Systeme reif gemacht. Ohne die Anerkennung sittlicher Werte ist der Mensch anfällig für Barbarei und Diktatur.
Westeuropa ist von innen her gefährdet. Dazu kommt die Bedrohung von außen. Zwischen die Machtblöcke eingeklemmt kann Westeuropa nur überleben, wenn es solidarisch zusammenhält.

III. Die Sendung Europas

Die europäischen Christen stehen vor einer ungeheuren Verantwortung, die in der christlichen Geschichte und in der christlichen Gegenwart Europas begründet ist. Europa zählt 251 Millionen Katholiken, 116 Millionen Protestanten und 134 Millionen orthodoxe Christen. Theologisch ergibt sich der christliche Auftrag aus der Weltverantwortung des Christen. Was von Europa ausgegangen ist, wirkt sich in Europa und in der ganzen Welt teils als Segen, teils als schwere Behinderung des christlichen Glaubens, teils als Mahnung, sich auf das Eigentliche zu besinnen, teils als tödliche Bedrohung des Menschen aus.

Sieben Aufgaben sind vordringlich:

Erstens: Papst Pius XII. hat immer wieder darauf hingewiesen, daß der christliche Glaube die Seele der europäischen Völker „am tiefsten geformt" hat[12]. Selbst dort, wo der Glaube „verschüttet oder gar ausgelöscht" ist, so sagte Papst Paul VI., stellen die Spuren des Evangeliums noch heute „ein gemeinsames Erbe" dar[13]. Es gilt, dieses gemeinsame Erbe zu wahren.
Der Glaube an den Gottessohn Jesus Christus hat den Menschen und Völkern Europas eine überzeugende Antwort auf die bewegende Frage nach dem letzten Sinn des Daseins gegeben. Der Mensch ist Geschöpf Gottes. Er hat eine ewige Bestimmung über den irdischen Tod hinaus. Der christliche Glaube eröffnet ihm eine Weltsicht, die ihn einerseits davor bewahrt, sich in einer falschen Selbstherrlichkeit zu überschätzen und sich als Herrn der Geschichte, als Herrn über Leben und Tod auszuspielen, ihn andererseits jedoch vor der Resignation schützt, die ihn angesichts seiner Endlichkeit überfallen könnte. Der Glaube gibt dem Menschen jene Geborgenheit und Zuversicht, die ihn das scheinbare Ausgeliefertsein an die Mächte der Natur oder an gesellschaftliche und politische Verhältnisse, also an das „Ereignishafte", bewältigen läßt. Man hat mit Recht gesagt, daß die transzendente Verankerung des Menschen, wie sie der Glaube offenbart, die Grundbedingung der bürgerlichen und menschlichen Freiheiten ist.
Ein rein technokratisches, sich nur auf den militärischen oder wirtschaftlichen Opportunismus berufendes Europa hätte keinen Bestand. Die Geschichte Europas ist – unter dem Wirken des christlichen Glaubens – von der Achtung der Würde des Menschen bestimmt. Persönliche Verantwortung, Entscheidungs- und Gestaltungsfreiheit, Ehrfurcht vor dem Leben, Hochschätzung der Ehe und Familie waren die Leitbilder. Das christliche Menschenverständnis hat die europäische Menschenrechtstradition herausgebildet, die in den neuzeitlichen

Verfassungen und in den Menschenrechtserklärungen des Europarates und der UNO ihren Niederschlag gefunden hat. Die Menschenrechte hängen nicht von den Launen der Geschichte, vom Wohlwollen der Parlamente oder von der Anerkennung durch die Gesellschaft ab. Nach christlichem Denken steht der Mensch im Mittelpunkt des gesellschaftlichen, wirtschaftlichen und staatlichen Lebens. Diese Werte müssen erhalten bleiben. Wenn kollektivistische Ideologien die Zukunft Europas bestimmen, hört Europa auf zu bestehen.

Heute wird die Hälfte der Menschheit von Diktaturen geknechtet. Jedoch breitet sich vielerorts, vor allem in den kommunistischen Ländern Osteuropas, ein tiefes Unbehagen, ein Suchen nach Freiheit und Menschenwürde aus. Könnte das westliche Europa durch die Schaffung einer freiheitlichen, die Konflikte friedlich lösenden Demokratie, durch die Verwirklichung der sozialen Gerechtigkeit, durch eine hochstehende Moral, durch ein reiches kulturelles Leben und durch ein überzeugendes Christentum für die suchenden, vom Kommunismus unterdrückten Menschen Osteuropas nicht anziehend und verlockend werden? Leider ist weithin eher das Gegenteil der Fall.

Zweitens: Die Christen Europas sind aufgerufen, für die Solidarität aller Menschen und Völker einzutreten. Der christliche Glaube durchbricht die engen Schranken der Bluts- und Gesinnungsgemeinschaft und überwindet sowohl den „Ohne-mich-Standpunkt" als auch das Freund-Feind-Denken. Weil jeder Mensch ohne Rücksicht auf seine Herkunft, auf sein Geschlecht, auf seine Rasse, auf seine Sprache, auf seine Intelligenz, auf sein Leistungsvermögen, auf seine Gesundheit, auf seine moralische Stärke, auf seine berufliche oder gesellschaftliche Position Person und Ebenbild Gottes ist, eignet allen Menschen eine ursprüngliche Gleichheit.

Gleichheit bedeutet nicht Gleichmacherei, Einebnung der Unterschiede zwischen den Menschen; aber sie fordert das Geltenlassen und dieselbe Hochachtung vor jedem, der Menschenantlitz trägt, auch vor dem, der nicht so viel leisten kann, vor dem, der körperlich oder geistig behindert ist, auch vor dem, der anders denkt als ich, nicht zuletzt vor dem, der seine Freiheit mißbraucht und seine Verantwortung nicht wahrnimmt.

Zum christlichen Erbe Europas gehört auch das Wissen um das sittliche Versagenkönnen der Menschen und der von ihnen getragenen Institutionen, um Schuld, Sünde und Erlösungsbedürftigkeit. Der christliche Glaube erlaubt es nicht, den Schuldigen aus der Gemeinschaft auszustoßen und ihn zu brandmarken, aber ebensowenig die Schuld wegzurationalisieren und in eine bloße soziale Regelwidrigkeit umzudeuten. Vielmehr nimmt er den Menschen ernst und öffnet die Wege zur Umkehr, zur Vergebung und Versöhnung.

Drittens: Damit die Chancen für den Aufbau eines freien, vom Christentum geprägten Europa nicht vertan werden, muß die Zusammenarbeit, die aus dem Erlebnis der Selbstzerstörung im Zweiten Weltkrieg, aus dem Wissen um das gemeinsame Erbe und aus der Bereitschaft, der Bedrohung gemeinsam entgegenzutreten, entstanden ist, noch enger werden: zwischen den Bischofskonferenzen und den katholischen Laienorganisationen aller europäischen Länder, zwischen den katholischen, evangelischen und orthodoxen Christen, zwischen den christlichen Politikern der europäischen Staaten, zwischen den Politikern und der Kirche, zwischen der Kirche und den europäischen Einrichtungen, zwischen der Kirche und den mit europäischen Fragen befaßten Wissenschaftlern sowie mit allen die sittlichen Grundwerte anerkennenden Menschen. Wir Christen sind davon überzeugt, daß ein einheitliches Europa nicht auf Ideologien, sondern nur auf dem Fundament christlicher Werte gebaut werden kann. In der römischen Campagna sind die Pfeiler der antiken Wasserleitungen nicht selten stehengeblieben, während die Bogen eingestürzt sind: ein Sinnbild des gegenwärtigen Zustands Europas. Es gilt, die verbindenden Bogen wiederher-

zustellen, damit das lebenspendende Wasser zwischen den Völkern und Kulturen Europas erneut fließen kann.
Die europäischen Bischöfe haben in ihrem „Wort zu Europa" gesagt: „Wer Gegensätze überwindet und sich anschickt, mit anderen gemeinsam zu arbeiten, dient dem Frieden; das Mühen um eine Einigung Europas ist also ein Friedenswerk. Daß dabei jeder Bevormundung entsagt, die Gleichberechtigung der Länder gewahrt und die geschichtlich gewachsene Eigenständigkeit der Nationen respektiert werden muß, versteht sich von selbst" (29. Juni 1977).
Viertens: Angesichts der Ideologisierung in der Familien-, Erziehungs- und Schulpolitik sind die Christen Europas aufgerufen, für die Erhaltung der sittlichen Grundwerte gerade in diesen Bereichen tatkräftig einzutreten. Die Familie ist nach christlich-europäischer Überlieferung der „geistige Schoß" (Thomas von Aquin), in dem das Kind zur sittlichen Persönlichkeit heranwachsen soll[14]. In der Familie eignet sich der Mensch jene sozialen Tugenden an, ohne die keine Gesellschaft bestehen kann: Liebe zum Nächsten, Rücksichtnahme, Verträglichkeit, Gerechtigkeit, Solidarität, Pietät, Verantwortung. Die Familie ist der Ort für die Überwindung des Denkens in den Kategorien von Kampf und Gewalt. Für die meisten Menschen fallen hier religiöse Entscheidungen, die für ihr ganzes Leben bestimmend sind.
Was Schule und Erziehung angeht, sind uns unsere europäischen Nachbarn Belgien, Frankreich und Italien in den Erfahrungen eines Schulwesens in freier Trägerschaft weit voraus. Die katholischen freien Schulen in unserem Lande, die sich eines wachsenden Ansehens erfreuen, müssen darauf achten, daß sie eine den ganzen Menschen prägende christliche Erziehung gewährleisten, die jungen Menschen zur geistigen Auseinandersetzung mit den verschiedenen Ideologien befähigen und Stätten einer auch institutionell abgesicherten Einübung in Gewissensverantwortung und Toleranz bleiben.
Fünftens: Millionen von Europäern ziehen Jahr für Jahr auf

der Suche nach Sonne als Urlauber von Nord- und Mitteleuropa nach dem Süden, andere Millionen auf der Suche nach Arbeit von Südeuropa nach Mittel- und Nordeuropa. Wir sollten die Chance nützen. Es wäre ein Versäumnis, wenn wir von einem kommenden vereinten Europa sprechen, aber nicht bei den unter uns lebenden Europäern beginnen würden. Das gilt vor allem für die Kirche. In der Kirche gibt es keine Grenzen und kein Ausland.
In besonderer Weise ist die Kirche aufgerufen, Initiativen im Bereich der Erziehung und der beruflichen Ausbildung der jungen ausländischen Generation zu ergreifen. Im Jahre 1981 wurden in der Bundesrepublik 624 557 Kinder geboren, darunter 80 009 von ausländischen Müttern. Diese Zahlen zeigen, wie groß die Aufgaben sind, vor denen wir stehen.
Auch vor der Arbeitslosigkeit, unter der in der Europäischen Gemeinschaft viele Millionen Menschen leiden, dürfen wir nicht kapitulieren. Die Überwindung der Arbeitslosigkeit wird freilich nur gelingen, wenn alle Staaten Europas solidarisch handeln. Es darf keine neue Klassengesellschaft entstehen: zwischen denen, die arbeiten wollen und einen Arbeitsplatz haben, und denen, die ebenfalls arbeiten wollen, aber keinen Arbeitsplatz finden.
Unter den Arbeitslosen finden sich zahlreiche Jugendliche, die nicht zu einer beruflich, gesellschaftlich und menschlich verlorenen Generation werden dürfen. Darüber hinaus müssen Anstrengungen unternommen werden, um in Europa das Gefälle zwischen Wohlstand und Armut abzubauen. Damit würde dem Klassenkampfdenken entgegengewirkt und dem innereuropäischen sozialen Frieden gedient.
Sechstens: Die Last Europas ist zugleich eine Chance. Die europäische Kolonisation hat in vielen Teilen der Welt: in den Vereinigten Staaten, in Kanada, in Lateinamerika, in Australien, in Neuseeland und Südafrika, von der europäischen Kultur geprägte und sich zum Christentum bekennende Völker entstehen lassen. Die nahe Verwandtschaft dieser Völker mit

Europa erleichtert die Zusammenarbeit, nicht zuletzt im Dienst der Völkerverständigung und des Friedens.
Siebtens: Das Mittelmeer trennt zwar Europa von Asien und Afrika, hat jedoch auch, wie die Geschichte des Römischen Reiches lehrt, eine einigende Funktion. Es ist eher ein verbindendes Meer als ein Grenzmeer. Europa sollte sich deshalb um eine enge Zusammenarbeit mit Kleinasien und insbesondere mit Afrika bemühen. Das in viele Staaten aufgeteilte, politisch aufgewühlte und durch mächtige Großstaaten bedrohte Afrika könnte aus einem uneigennützigen Austausch mit Europa politisch, wirtschaftlich und kulturell Nutzen ziehen, wie andererseits eine enge Verbindung mit Afrika auch für Europa in vielfacher Hinsicht vorteilhaft wäre. Warum sollte man nicht Sonnen-Energie-Werke in der Sahara bauen, statt jährlich 800 Milliarden Mark für die Rüstung auszugeben?
Auch die Begegnung Europas mit Asien wird sich in einem schöpferischen Geben und Nehmen – für beide Erdteile – segensreich auswirken. Während meiner Asienreise im Frühjahr 1978 sagte man mir immer wieder, der asiatische Mensch stehe mit einem gewissen Argwohn dem bloß wirtschaftlich-materiellen Fortschritt, wie ihn die westliche Welt nach Asien bringe, gegenüber. Er suche nach gesamtmenschlicher Erfüllung: in Ehe und Familie, in Arbeit und Beruf, im Bereich der geistigen und sittlichen Werte, in der gemeinsamen Freude am Schönen und nicht zuletzt in der Religion. In dieser Hinsicht können die Europäer Lernende sein. „Ein verkürzter Humanismus, der die Augen vor den Werten des Geistes und vor Gott, ihrer Quelle und ihrem Ursprung, verschließt"[15], wird die geistigen und sittlichen Energien nicht entbinden können, die zur Verwirklichung eines weltweiten Gemeinwohls nötig sind.

Die Kirche vermag im religiös-weltanschaulichen Pluralismus, der für Europa charakteristisch ist, nur in dem Maße gegenwärtig und wirksam zu sein, wie das „Zeugnis der Christen" reicht. Fehlt dieses Zeugnis, so dringen in das Bewußtsein der Menschen und in die geistigen Leerräume andere Kräfte ein. Das Zeugnis der Kirche und der Christen zielt auf dynamische Verwirklichung. Es genügt nicht, abzuwarten und Wirkungen nachzulaufen. Es gilt vielmehr, konstruktiv selber Ursachen zu setzen. Die Kirche und die Christen haben für Europa eine religiöse, kulturelle, politische, gesellschaftliche und wirtschaftliche Verantwortung.

1 „Omnes cantantes in una voce: iam non erit symphonia et consonantia vocum" (Thomas von Aquin, In 2. Pol, lect. 5).

2 Vgl. Joseph Höffner, Kolonialismus und Evangelium. 3. Auflage. Trier 1972.

3 „Colere" stammt aus der Wurzel „quel" = in Bewegung sein, sich regen, sich wie um eine Achse, wie um einen Pol drehen.

4 Papst Paul VI., Enzyklika „Populorum progressio" (1967). Nummer 7.

5 So wirft zum Beispiel Carl Amery (Das Ende der Vorsehung. Die gnadenlosen Folgen des Christentums. Hamburg 1972) dem Christentum vor, es habe mit seiner Lehre von der Gottebenbildlichkeit ein Bewußtsein von der totalen Überlegenheit des Menschen über die Natur erzeugt (Seiten 15 f; 197 f; 221 ff).

6 K. M. Kantor, Ökologie und Fortschritt. In: Zeitschrift des Philosophischen Instituts der Akademie der Wissenschaften der UdSSR. Moskau 1977, Nummer 8, Seite 112. – K. M. Kantor wendet sich vor allem gegen L. White, Problems in the industrial Society. New York 1973.

7 Karl Marx, Zur Kritik der Hegelschen Rechtsphilosophie. In: Frühschriften, Stuttgart 1953, Seite 222 f.

8 Karl Dietrich Bracher, Die Krise Europas 1917–1975. Propyläen-Geschichte Europas. Frankfurt–Berlin–Wien 1976, Seite 63.

9 Gaudium et spes, 36.

10 Thomas Mann, zitiert in „Europa-Union" April 1974, Seite 4.

11 Karl Prümm, Religionsgeschichtliches Handbuch für den Raum der altchristlichen Umwelt. Freiburg/Br. 1943, Seite 826.

12 Papst Pius XII., Ansprache vom 15. März 1953.

13 Papst Paul VI., Ansprache vom 26. Januar 1977.

14 Summa Theol. (II. II. 10, 12).

15 Papst Paul VI., Populorum progressio, 42.

Kardinal Stefan Wyszyński, Erzbischof von Gnesen und Warschau, Primas von Polen †

EUROPA, DER HORT DES EVANGELIUMS

Den Gruß in Christus unserm Herrn überbringt Ihnen der polnische Episkopat aus seiner Heimat. Nicht zum ersten Mal in meinem Leben habe ich die Freude, unter den mächtigen Gewölben des Kölner Doms stehen zu dürfen und mich seinem Zauber zu überlassen. Dieser Dom ist ein ausdrucksvolles Zeichen der Macht christlicher Kultur, die die Werte dieser Erde zum Lobe des Schöpfers umzuwandeln weiß.
In der Stadt des Lehrmeisters der Theologie, des Heiligen Albert des Großen, und seines Schülers, des Heiligen Thomas von Aquin, versteht man leichter den Einsatz des Christentums für das Werk der Einigung. Es gelingt, wenn „humanis divina iunguntur", wenn die göttliche Gnade mit den menschlichen Kräften zusammengeht. Gerade hier beginnt doch der Gedanke eines solchen Zusammenbindens der materiellen mit den übernatürlichen Werten zu gedeihen, dem Schöpfer zum Ruhme und der gesamten Menschheitsfamilie zum Frieden.
Vielleicht ist das die Konsequenz des Programms des Heiligen Apostels Paulus, welcher die Qual der Schöpfung ahnte und ihre Erlösung – durch die Söhne Gottes – erwartete. Ist diese Epoche der Geistesentfaltung des Evangeliums bereits ans Ziel gelangt, oder ist sie noch auf einem weiten Wege?
Wir schauen weiterhin mit Besorgnis auf die Geschichte der Menschheitsfamilie, welcher Christus Liebe, Frieden und das Gute hinterlassen hat, welche sich aber immer noch – so scheint es – am Anfang ihrer geschichtlichen Sendung befin-

Kardinal Stefan Wyszyński

det. Unsere Vorgänger, die Apostel, die uns den Auftrag Christi übergeben haben: „Gehet und lehret, taufet sie ...“ – könnten uns heute, nach zwanzig Jahrhunderten, die Frage stellen, was wir durchzusetzen vermocht haben. Ihre Beauftragung war gleichzeitig ein Auftrag für alle Bischöfe der ganzen Welt, eine universelle Berufung.
Heute, nach schmerzlichen Erlebnissen der Vergangenheit, möchten wir dem Apostel der Deutschen, dem Heiligen Bonifatius die Verehrung erweisen, daß wir polnischen Kardinäle und Bischöfe voller Andacht nach Fulda pilgern und indem wir den deutschen Bischöfen in Köln, Mainz, München und Fulda einen Gegenbesuch abstatten.
In vielen Gesprächen, die wir während des Zweiten Vatikanischen Konzils mit dem unvergessenen Kardinal Julius Döpfner geführt haben, kamen wir immer wieder auf denselben Gedanken zurück: Wir suchen nach einer Sprache des Evangeliums, mit welcher die Bischöfe Europas ihre Völker ansprechen können, um sie im Geist der Liebe, der Gerechtigkeit und des Friedens zu bewahren. Es ist eine schwierige Sprache, eine feinfühlige, eine umsichtige Sprache; sie ist aber unentbehrlich, damit wir unserer gemeinsamen Aufgabe, Europa wieder zum Evangelium zu bekehren, gerecht werden können. Damit sich diese Sprache aber entwickelt und gestaltet, sollte man die Worte des Heiligen Irenäus anführen: „Gloria Dei viventis – homo“ (des lebendigen Gottes Ruhm ist der Mensch), der Mensch als größtes Werk des Schöpfers; ein Werk, das aller Achtung und Liebe im Frieden Christi würdig ist. Europa muß erneut wahrnehmen, daß es ein neues Betlehem ist für die Welt, für alle Völker und Nationen; ein Betlehem, aus dem der Welt der König und Friedensfürst entsprossen ist, der einzige Heiland der Menschheitsfamilie. Inmitten zeitgenössischer Kriege und Kriegsnachrichten, darf Europa – das durch die Kirche jenen Frieden bekommen hat, den uns diese Welt nicht zu geben vermag – keine Munitionsfabrik mehr bleiben, kein internationaler Waffenhandelsplatz und

Waffenlieferant, kein Versuchsgelände für Kriege, kein Raum für Selbstzerfleischung der Völker und Nationen.
Unsere Zeitgenossen auf anderen Kontinenten der Welt haben heute Furcht vor jenen europäischen Politikern und Diplomaten, die ihnen statt Worten des Friedens dauernd den Vorgeschmack von Kriegen bringen; sie haben Furcht vor unseren Industriellen und Geschäftsleuten, die ihnen statt des täglichen Brotes todbringende Kriegsprodukte liefern; ja, sie haben sogar Furcht vor unseren Touristen, die sie demoralisieren.
Soll das die Aufgabe eines christlichen Europas sein? Für Europa, das in den Feuern verschiedenartiger Gesellschaftsordnungen mit den dabei gemachten Erfahrungen und Enttäuschungen geläutert worden ist, ist die neue Sprache überaus aktuell.
Sie kommt zum Ausdruck in den Sehnsüchten der Jugend fast aller Völker, besonders aber in der Sehnsucht der polnischen Jugend, die heute in ihren Liedern von einer Welt voll Liebe, Freiheit, Gerechtigkeit, Einheit und Friede träumt.
Ob das nicht eine Sprache der Begegnung und Verständigung unter der kommenden jungen Generation sein könnte? Einerseits ist diese Jugend müde des Sattseins und des Überdrusses; müde aber andererseits des Kommandostils von Kaserne und Polizei. Diese Sehnsüchte in die Sprache des Evangeliums zu übersetzen und so zu deuten, daß allein der allgemeine Appell dieser Ideale die Aktualität des Evangeliums und seine Versöhnungskraft beweist – das ist der eigentliche Raum für Begegnung und Verständigung.
Die gemeinsame Sorge der Völker, insbesondere aber der Völker Zentraleuropas, kann wieder in Erinnerung bringen, daß unser Kontinent der Hort des Evangeliums für die ganze Welt ist, daß Europa seine Autorität in der Welt dank des Evangeliums wiedererhält und wieder anfängt, Vertrauen unter den Völkern aller Kontinente zu gewinnen.
Wir wollen gemeinsam beten um den Frieden für unsere Tage

mit den Worten der Liturgie der katholischen Kirche: „O Gott, du lässest nicht zu, daß die Völker, die an dich glauben, durch irgendeine Angst erschüttert werden; nimm die Bitten deines ergebenen Volkes gnädig an und verleihe allen christlichen Ländern Frieden und Schutz vor den Angriffen der Feinde" (Irenäus).

Christus, unser Heiland, hat gewollt, daß über seiner Familie die Gottesgebärerin-Theotokos wache. In ihrem Namen haben wir in Polen unsere Geschichte als christliche Nation begonnen. Von ihr haben wir die Weisung zum Sohne Gottes hin bekommen. In ihr gründet unsere ganze Hoffnung.

Wir sind von ihr nicht enttäuscht worden. Möge ihr Mutterherz weiter über uns wachen und uns stets beim Kreuze Europas einigen.

Kardinal Jean-Marie Lustiger, Erzbischof von Paris

DIE GEISTIGEN BEDINGUNGEN EINER ZUKUNFT FÜR EUROPA

Wer sind wir, wir Europäer? Wo liegen die *Grenzen unseres Raumes?* Wie können wir den inneren Zugehörigkeitskreis abzeichnen, der das heutige Europa umschreibt, dieses Europa, das man noch den Westen nennt, den Rahmen, der es gegen Norden, gegen Süden und gegen Osten abgrenzt?

Wie können wir uns selbst erkennen, seitdem unser nationales Schicksal sich vom 16. Jahrhundert an in den neuen Welten verdoppelt hat, weit jenseits der westlichen Finis terrae?

Wie sollen wir die widersprüchlichen Herkünfte unserer Kultur aus Afrika und aus Asien anerkennen?

Wer sind wir, wir Europäer? Wo sind die *Grenzen unseres Gedächtnisses?* Wer wird das Inventar unserer legitimen Erbschaft aufstellen? Genügt es, wenn wir für uns einerseits Griechenland und Rom beanspruchen, das doppelte Kaiserreich, das byzantinische und das lateinische, und andererseits Israel und die Kirche Jesu Christi, mit ihren Spaltungen zwischen Ost und West, zwischen Nord und Süd? Wie kann unsere Gegenwart sich von so vielen und fruchtbaren nationalen Selbstheiten ernähren, von denen so manche heute verkannt, vergessen oder vergangen sind?

Wer sind wir, wir Europäer? Und *welche Zukunft* steht uns bevor? Wenn man eine solche Frage überhaupt stellt, erleichtert man nicht damit sogleich den Ängsten und Vergangenheitssehnsüchten die Arbeit, die im höchsten und klarsichtigsten europäischen Bewußtsein zu Hause sind?

In der Tat: ein Gespenst geht um in Europa und seiner Ver-

Kardinal Jean-Marie Lustiger

gangenheit, das schlechte Gewissen als Folge eines allzu grell leuchtenden Gelingens, das den Prinzipien widerspricht, in deren Zeichen es sich vollziehen konnte: die Selbstbehauptung der Freiheit, die in den Willen zur Herrschaft umschlägt, das Verlangen nach Gleichheit, das zur Versklavung führt, die Ausrufung der Brüderlichkeit, die zur Quelle unzähliger blutiger Kämpfe und hoffnungsloser Spaltungen wird. In den Augen der Zeitgenossen ist unsere Zukunft mit einem Verdacht belastet, der uns selber trifft und die tödliche Zerrissenheit unserer Jugend begründet.

Es ist nicht meine Berufung, Überlegungen und Voraussagen über unsere wirtschaftliche und politische Lage von morgen oder übermorgen anzustellen. Es steht mir aber zu, in der Erleuchtung Gottes, *einen geistigen Blick auf unsere Zeit zu richten, um dem schlechten Gewissen den Mut entgegenzusetzen und das Auf-die-Probe-Stellen durch den Verdacht bis zum Ende durchzustehen.*

Gewiß war *Herrschaft* das Schicksal Europas während seiner ganzen, langen Geschichte, bevor dieses Wort dann mit glühenden Eisen auf sein Gesicht gedrückt wurde: vom Atlantik bis zum Ural spaltet die Dialektik von Herrschaft und Knechtschaft Europa, ohne daß ein Ende abzusehen wäre. Das, was Europa der Welt auferlegt hat, schlägt es jetzt wie eine Fatalität auf Europa zurück? Oder besser gesagt, wie es beim heiligen Paulus heißt, wie ein „Zorn Gottes"? (Röm 1, 18). Die Herrschaft der Herren und die den Sklaven angetane Gewalt waren Verbrechen und Gewissensbiß, lange bevor sie zum Inhalt einer Rassenideologie wurden. Und das über alles Erdreich Europas vergossene Blut hat Regime, Parteien und Staaten weggeschwemmt: es nährt das Lechzen nach Herrschaft und die rauhe Gewalt: *Ich grüße hier und heute die Völker Europas, die unter der Herrschaft dieses herrschsüchtigen Europas seufzen.* Ich grüße ihren Widerstand und ihre Solidarität.

Der Sklavenaufstand war einst das Schicksal, das Europa den

anderen aufzwang, er ist dann das Los Europas und seine Qual gewesen, um endlich eine Klassenideologie zu werden. Mögen alle die Tränen, die in jenen Gefechten und Kämpfen vergossen wurden, jene Regime, Parteien und Staaten hinwegschwemmen, die sich von der Sklaverei nähren und nach Erniedrigung hungern. *Ich appelliere an die europäischen Völker, daß sie sich nicht von diesem Europa der Versklavung versuchen und verführen lassen.* Ich appelliere an ihre Klarsicht und an ihre Wachsamkeit.

Zwei Weltkriege haben in einem Europa ihren Ursprung genommen, das an seinem Schicksal als Herr zerbrochen war, der selbst von seiner Herrenschaft versklavt und als Sklave zur Gewalt getrieben wurde. Zwei Weltkriege und die Aufspaltungen Europas als ihre Folgen haben es um seine Zukunft gebracht. Sie haben Europas Reichtum nicht zerstört.

Der Osten und der Westen kämpfen miteinander, aber unter Ausschluß des Todes. Zusammen mit anderen hingegen zwingen wir die *Völker des Hungers,* den Preis für unsere Kriege und für unsere Rüstungen zu bezahlen.

Herr oder Sklave, der Europäer wollte reich werden, und hat sich reich gemacht . . . und dies auf Kosten derer in der Welt, die am wenigsten mit Besitz ausgestattet waren. Um seine Macht zu festigen und manchmal auch seine Gewalt, hat Europa unzählige Völker geschwächt und arm gemacht: Europa hat viel von seinem Überfluß gegeben, und tut dies auch heute noch; aber es hat den Armen weggenommen, was für sie lebensnotwendig war. Unsere Taubheit und unser Stillschweigen gegenüber dem Schrei der Ausgebeuteten schreien zum Himmel um Rache.

Es gibt, so heißt es, Gesetze des Marktes und wirtschaftliche Spielregeln. Aber wie können diese Gesetze und Spielregeln gerecht sein, da doch sie es sind, die quer durch unseren Planeten, zwischen Nord und Süd, die Hungergrenze getrieben haben?

Wir sollen uns aber nun nicht dem schlechten Gewissen aus-

liefern, sondern uns freimachen, indem wir uns zu unserer Mitschuld an dem Elend der Armen bekennen.
Es ist gut und gerecht, diesem Elend ein Ende setzen zu wollen, aber es ist noch notwendiger, uns nicht vor dem Fluch zu verbergen, der über jene Reichen ausgesprochen wurde, die ihr Fest auf Kosten des armen Lazarus feierten.

Dieser Fluch liegt auf Europa wie für eine begangene Bluttat. Gleichzeitig Herr und Sklave, ein Reicher, der seinen Reichtum selbst mit Elend und Not bedroht, hat Europa ohne Unterlaß sich an seinem eigenen Blut vergriffen. Es hat in seinen Kriegen das Blut vergossen, das es seinen Kindern gegeben hatte, und es hat diese seine Kinder mit dem Schweiß der anderen nähren wollen. Und nun, als wäre es von seiner eigenen Gewalttätigkeit erschöpft, gibt Europa nur mehr mit knauseriger Sparsamkeit das kostbare Leben weiter. Das zutiefst verwundete Europa läßt die Quellen des Lebens versiegen. Die Fruchtbarkeit der Liebe ist bedroht, und die Früchte der Liebe verdorren, wenn sie nicht gar willentlich abgetrieben werden.
Die Gewalttätigkeit der Herren und der Sklaven, die Bereicherung der Reichen und das Verarmen der Armen machen sich doppelt wirksam in der Not des menschlichen Ehe-Paares, dessen *Liebe ohne Leben* und dessen *Leben ohne Liebe* bleibt. Herrschaft und Verführung reißen sich um Mann und Weib in einem Europa, das sich mehr um sein Überleben sorgt als um den Preis des Lebens, den der Mensch zu zahlen hat.
Herr und Sklave, Reich und Arm, Mann und Weib sind im Europa von heute mehr von ihren mörderischen Widersprüchen zerrissen als vom Atem der Liebe belebt.

Ist Europa demnach zu jener Verzweiflung verurteilt, in deren Ausweglosigkeit die Kritik und die Verneinungen seiner eigenen Jugend es hineinzuzwingen scheinen? Die Menschen unserer Generation wären also dazu verurteilt, in der wehevollen Erinnerung an vergangenen Ruhm zu leben, verurteilt, ihre Widersprüche als unüberwindbar erleiden zu müssen, verurteilt zum schlechten Gewissen als Folge von Verbrechen, von denen sie nicht einsehen können, warum sie für diese verantwortlich sein sollen? Ist Europas Jugend zu einer tödlichen Apathie verdammt, oder aber zu krankhafter Gewalttätigkeit?

Und doch wissen wir, daß heute so zahlreich wie gestern *mutige Menschen nicht zögern, sich für die Gerechtigkeit einzusetzen, und mit ihrem selbstlosen Einsatz wunderbare Früchte hervorbringen.* Wie aber erklärt sich, daß diese Vielfalt wirklicher Bemühungen meistens verborgen bleibt und nie in der Lage scheint, die entgegengesetzten Kräfte zu besiegen?

Ebenso wie die Dämonen der Gewalt sich hinter dem Anschein einer mitschuldigen Ehrbarkeit verbergen, bleiben die Werke des Friedens dazu verurteilt, verkannt und vergessen zu werden, solange unser Blick nicht von der Sünde befreit ist, die ihn hindert, sie zu erkennen (und anzuerkennen). *Das Gute, das sich verwirklicht, wird so lange nicht sein Angesicht finden* (und damit für uns erkennbar werden) *wie das Übel nicht bei seinem Namen genannt und die Vergebung nicht erhalten und angenommen wird.*

Europa ist nicht „ohne Hoffnung und ohne Gott in der Welt" (Eph 2, 12), denn es ist auch nicht ohne den Messias, „ausgeschlossen von dem Bund der Verheißung" Gottes (Eph 2, 12). Die geistige Situation unserer Zeit ist auch keine Katastrophe, denn die Hoffnung ist uns gegeben, die „nicht zugrunde gehen läßt" (Röm 5, 5). Nichts von unseren Gewalttaten und Irrungen darf geleugnet werden, denn auch für unsere Zeit gilt das Wort des heiligen Paulus: Ihr, die ihr einst in der Ferne wart, seid durch Christus Jesus, nämlich durch sein Blut, in die Nähe gekommen. Denn er ist unser Friede, . . . und riß die trennende Wand der Feindschaft nieder (Eph 2, 14.15).

Von der Krise unserer Zeit soll nichts künstlich verkleinert werden, weder ihre Gewaltsamkeit noch ihre Ungerechtigkeit, weder der Haß noch die Gottesverweigerung. *Aber alles kann gesühnt werden:* daran glauben wir, *und alles kann versöhnt* werden: darauf hoffen wir; um dafür zu arbeiten, ist uns die Liebe gegeben (Röm 5, 5).

Das auserwählte Volk Gottes feiert am heutigen Tage die große Sühne und Versöhnung, Jom Kippur. *Welche Bußfertigkeit, welche Sühnebereitschaft sollten erst recht die christlichen Nationen aufweisen, um die Vergebung der unzähligen hingemordeten Unschuldigen zu erhalten?*
Beim Propheten Jesaja steht geschrieben: „Er wurde verachtet und von den Menschen gemieden, ein Mann voller Schmerzen, mit der Krankheit vertraut. Wie ein Mensch, vor dem man das Angesicht verhüllt, war er bei uns verfemt und verachtet. Aber er hat unsere Krankheiten getragen und unsere Schmerzen auf sich genommen. Wir meinten, er sei vom Unheil getroffen, von Gott gebeugt und geschlagen. Doch er wurde durchbohrt wegen unserer Verbrechen, wegen unserer Sünden mißhandelt. Weil die Strafe auf ihm lag, sind wir gerettet, durch seine Wunden sind wir geheilt" (Jes 53, 10). Dies ist der Glaube Israels, sein Leiden, das Leiden seines Messias, den unsere mörderischen Widersprüche zermalmen, sind Sühneopfer und Reinigung für die Sünden der Welt (Jes 53, 10).
Dies ist der Glaube des Gottesvolks in seiner Gesamtheit: Alles ist der Sünde unterworfen in einer gemeinsamen Gefangenschaft (Gal 3, 22), aber der Messias hat uns mit seinem Opfer vom Fluche erlöst, indem er selber für uns Fluch geworden ist (Gal 3, 13). Wir Christen glauben daran und hoffen darauf: Jesus Christus, der Messias Israels, hat mit seinem Kreuz den Haß besiegt (Eph 2, 16).
Ohne ihn kann es keine geistige Zukunft für ein Europa geben, das einmal christlich war. *Er ist es, der allein noch fähig ist, unsere Schicksale zu versöhnen, indem er unsere von der*

Geschichte geschlagenen Wundmale heilt. In ihm gibt es weder Sklaven noch Herren, von der Sucht der Gewalt beherrscht (Gal 3, 28), so wie es in ihm weder Griechen noch Juden gibt (Kol 5, 11). Im Zugang zu demselben und einzigen Bund Gottes, in ihm dürfen wir alle eins sein (Gal 3, 28), so wie er Alles in Allem ist (Kol 3, 11).

Die Zukunft Europas beruht nicht an erster Stelle auf seiner politischen Macht. Sie hängt nicht von seinem wirtschaftlichen Zustand ab, und nicht einmal von seinem kulturellen Erbteil. Diese unsere Zukunft bleibt ungewiß in den Händen von Männern und Frauen, die der Haß voneinander trennt. Unsere Zukunft gehört der Hoffnung und dem Glauben in den, der Tag für Tag unsere Gewalttaten und unsere Ungerechtigkeiten sühnt. Ihm durch den Glauben anzugehören bedeutet, daß man der Verheißung beitritt, die Gott gegeben hat „Abraham und seinen Nachkommen auf ewig" (Lk 1, 55).
Diese Verheißung bedeutet für uns Christen aus den europäischen Nationen eine Berufung und eine drängende Pflicht, auf daß Europa in seiner Gesamtheit im Dienste aller Nationen jene Hoffnung erfüllt, deren Quelle es gewesen ist. Das hat bereits Johannes Paul II. im vergangenen Jahr bei seinem Besuch in Ihrem Lande gesagt: nachdem er die Beziehungen zwischen Deutschland und Polen in der Vergangenheit ins Gedächtnis zurückgerufen hatte, fügte er hinzu: *„Der Aufbau einer besseren Zukunft für die Nationen und Menschen* ist nicht nur möglich, sondern sogar eine schwerwiegende Verpflichtung für uns: die dringlichste Aufgabe unserer Zeit in diesem zweiten Jahrtausend nach Christus, das bereits in seinen letzten Abschnitt eingetreten ist" (Abschiedswort an die Deutschen, 19. November 1980).
Mit seiner Ansprache an die deutsche Nation richtete er einen Aufruf an ganz Europa für eine „Weltzivilisation der Liebe", was nach ihm „eine Herausforderung" darstellt, und zur

gleichen Zeit die geschichtliche Antwort der Zukunft auf die schmerzlichsten Erfahrungen der Vergangenheit ist.
Er hält deshalb die Zeit für gekommen, *„weil schon geraume Zeit vergangen ist* seit der letzten Kriegskatastrophe mit ihren furchtbaren Bildern, die wie ein Erdbeben über Europa und unsere Heimatländer hinwegzog . . ."
„Es ist an der Zeit, daß wir beginnen, an die Zukunft Europas zu denken, nicht von der Position der Macht und der Präpotenz, nicht von der Position wirtschaftlicher Vorherrschaft oder des Eigennutzes, sondern vom Standpunkt der Zivilisation der Liebe, die es jeder Nation ermöglicht, ganz sie selber zu sein, und allen Nationen gemeinsam erlaubt, sich von der Bedrohung eines neuen Krieges und der gegenseitigen Vernichtung zu befreien. Die Liebe gestattet allen, sich wirklich frei und in der Würde gleich zu fühlen. Dazu muß auch die Politik einer aufrichtigen Solidarität mit beitragen, die es unmöglich macht, daß sich jemand des anderen zu seinem eigenen Nutzen bedient. Zugleich schließt sie jede Form der Ausbeutung und Unterdrückung aus" (Abschiedswort an die Deutschen, 19 November 1980).
Ich bin zu Ihnen gekommen, eingedenk der Geschichte und des Schmerzes, deren Zeuge ich bin. Im Gehorsam gegenüber einer unwiderstehlichen Pflicht erhebe auch ich meine Stimme zu diesem Aufruf des Papstes, der an das ganze Europa gerichtet ist.
Ich wollte durch mich selbst das schlechte Gewissen der Alten, das Schweigen der Väter, die Revolte der Söhne sprechen lassen und es hier öffentlich zum Ausdruck bringen, damit unsere Völker in Vergebung und Frieden die Freude und den Stolz ihrer eigenen Geschichte wiederfinden können: Hat doch die Liebe schon so viele großartige Werke zustandegebracht.
Ich wollte das schlechte Gewissen und sein Schweigen der Schande verarbeiten in das Erlösungswort und den nutzlosen Verdacht umwandeln in den Mut der Wahrheit. Es ist unsere

Aufgabe als Christen, das Bekenntnis der Sünde in die Freude der Versöhnung und das Eingeständnis der Schwäche und die Wiederentdeckung der „Größe" der Vergangenheit in Kraft für die Zukunft umzuwandeln, so daß der Aufruf Johannes Pauls II. an das alte Europa eine Antwort findet; des Papstes, der zum Sprecher aller Menschen aus allen Kontinenten wurde.

Kardinal Jozef Glemp,
Erzbischof von Gnesen und Warschau,
Primas von Polen

EIN CHRISTLICHES EUROPA IM JAHR 2000

Allen, die hier versammelt sind, wünsche ich zur Begrüßung Gnade und Frieden von dem, der Spender jeder Gabe ist, von unserem Herrn Jesus Christus.

Die Gemeinschaft unserer Erwählung zu Gottes Berufenen und Geheiligten trägt uns, im Vertrauen auf seine Hilfe, in eine Zukunft, in der wir friedlich arbeiten wollen für das Wohl und für die Versöhnung der Menschen und Völker auf allen Gebieten der Kultur, Erziehung, Wissenschaft und Information. Es ist mir heute vergönnt, einer Versammlung beiwohnen zu dürfen, die darum bemüht ist und die auch schon Erfolge hat. Die menschliche Arbeit bringt deshalb Ergebnisse, weil Gott selber in unserer Arbeit tätig ist, um das Werk seiner Schöpfung zu lenken und zu vollenden. Die Aufgaben sind groß.

Ein christliches Europa im Jahre 2000 – wie wird es aussehen? Die Verantwortung fällt auf uns zurück. Manchmal bewundern Ausländer die lebendige Kirche in Polen. Die Erklärung ist sehr einfach: unsere Vorväter haben in der Kirche tüchtig gearbeitet. Nun, wir selber werden auch zu Vorvätern.

Alles zu beseitigen, was uns auf dem Weg zu Gott aufhält, das ist die Aufgabe der Kultur, die nur im Frieden aufblühen kann. Um den Frieden bemühen sich so viele, aber solange wir uns weigern, unser Leben zu „verlieren", werden wir kein friedliches Leben kennenlernen. Sein Leben verlieren versteht nur einer, der auf Christus als auf seinen Freund hinblickt.

Kardinal Jozef Glemp

Christus sieht man in anderen Menschen. Wir sind zutiefst dankbar allen, die uns in den vergangenen Monaten ihre Hilfsbereitschaft bewiesen haben und noch weiter beweisen. Die Mannigfaltigkeit der Hilfe ist sehr reich: von schlichten Paketen zu komplizierter Krankenhausausstattung, von verantwortlichen Erklärungen zu Tonnen von Papier für den Druck guter Worte. Das ist schon eine echte Kette guten Willens!

Es ist zugleich ein befolgtes Gebot Gottes. Und seine Gebote machen uns weiser als all unsere Gegner (Ps 119, 98), denn dann stützt sich unser Glaube nicht auf Menschenweisheit, sondern auf die Kraft Gottes (vgl. 1 Kor 2, 5).

Kardinal Franciszek Macharski, Erzbischof von Krakau

EUROPA – ERBE UND VERANTWORTUNG

„Wird der Sohn Gottes, wenn er kommt, Glauben auf Erden finden?" (Lk 18, 8). Diese Frage Christi, die uns Lukas überwiesen hat, klingt immer wieder im Advent jeden Jahres, wenn wir die Geburt des Herrn erwarten.

Diese Frage verwandelt sich in ein mächtiges Fragezeichen angesichts des Erwartens des Jahres 2000 – des zweiten Millenniums der Menschwerdung des Sohnes Gottes.

Das Jahr 2000 ist viel mehr als noch ein Jahrestag. „Gott hat die Welt so liebgewonnen" – spricht Johannes –, „daß er seinen einzigen Sohn hingegeben hat, damit jeder, der an ihn glaubt, nicht untergeht, sondern das ewige Leben hat" (Joh 3, 16). Die stets lebendige, erbarmende Liebe Gottes wird zu einer neu entsprungenen Quelle, einer offenen Quelle, einem heller strahlenden Licht. Das Wort Gottes ist Leib geworden und ist in die Weltgeschichte als vollkommener Mensch ohne jede Sünde – ein Mensch, wie ihn Gott für uns vorgesehen hat – eingedrungen (vgl. LG 38).

Schon in achtzehn Jahren soll unsere Erde zu einem neuen Betlehem für Gott, den Menschensohn, werden. Wir stellen die Frage mit Unruhe im Herzen: Europa, was für ein Betlehem für deinen Gott wirst du werden? Europa, wie wirst du Gott und Menschensohn empfangen; welches Schicksal wirst du ihm vorbereiten? Wieviel von Christus spiegelt sich in deinem Antlitz?

Wir Menschen, die in diesen Tagen von Gedenken, Gebet und Liturgie berührt werden – berührt vom Heiligen Geist –, wir stellen in diesem Advent der Geschichte mit Angst die

Kardinal Franciszek Macharski

Frage: ob der Sohn Gottes, wenn er kommt, Glauben auf *dieser* Erde finden wird? Europa ist doch nicht nur die Anschrift unserer Wohnung, es ist Erbschaft und Verantwortung.
Brüder und Schwestern, so wie ihr möchte ich als europäisches Kind aus dem polnischen Volk an eine Stadt erinnern und einen Namen nennen.
Die Stadt nennt sich und klingt wie ein fürchterliches Unglück: Auschwitz – Oświęcim.
Der Name des Menschen dagegen verkündet den Sieg: Pater Kolbe.
Vor zwei Monaten haben eure Bischöfe mit Kardinal Höffner und gemeinsam mit polnischen Bischöfen im Todesbunker von Auschwitz – nicht zum ersten Mal! – gebetet. Versammelt vor der Todesmauer, haben wir gemeinsam an den Heiligen Vater Johannes Paul II. eine Botschaft gesandt, um ihn zu bitten, Pater Kolbe als einen der Millionen Opfer, unter welchen auch Edith Stein – Philosophin und zugleich Karmelitin – war, am Tage seiner Heiligsprechung am 10. Oktober der Kirche und der Welt als Blutzeugen, Märtyrer der barmherzigen Liebe zu verkünden.
Im Advent vor dem zweiten Millennium des Christentums ruft Pater Kolbe, der Schutzheilige unseres Jahrhunderts aus Auschwitz – des Golgota unserer Zeit –, an das Gewissen der Menschen, daß das fundamentale Gesetz der menschlichen Vollkommenheit und das Gesetz der Erneuerung der Welt das neue Gesetz der Liebe ist. Pater Kolbe verkündet Christus, denn die Offenbarung der Liebe und der Barmherzigkeit hat in der Geschichte des Menschen nur eine Gestalt und einen Namen – es ist: Jesus Christus. Hier habe ich fast wörtlich die Worte des Konzils und Johannes Pauls II. wiederholt.
Allein die Liebe kann den Fluch des Hasses und der Verachtung von Gott und Mensch besiegen. Nur die Liebe allein kann den Haß verhindern, kann dessen Folgen heilen und die Augen öffnen, um den wahren Wert erkennen zu lassen.
Pater Kolbe – der Schutzheilige der Buße für die Erneuerung,

der Fürsprecher für die Versöhnung der durch Verbrechen getrennten Völker, ein erfolgreicher Zeuge der Liebe der Menschen, in der die Liebe Gottes zum Vorschein kommt.
Ich erinnere daran, um euch Brüdern und Schwestern zu danken für eure Hilfe im letzten Jahr: Sie ist mächtig im materiellen Ausmaß und unübersehbar groß im Sinne der geistigen Werte der christlichen Solidarität Europas.
Pater Kolbe ist ein lautes und überzeugendes „Nein" gegen Krieg, Gewalt und Unterdrückung. Er ist ein Apostel des Friedens durch Gerechtigkeit für Würde und Recht der menschlichen Persönlichkeit. „Nein" – nie wieder Auschwitz, Hiroshima und Nagasaki. Der Schutzheilige Europas war nämlich auf seinen apostolischen Wanderungen auch in Japan, er berührte die Erde gerade in Nagasaki einige Jahre, bevor diese den Menschen zur Atomhölle wurde. „Nein" – gegen Auschwitz, Hiroshima, Nagasaki – „nein" gegen jeden Krieg!
Pater Kolbe – auch durch ihn steht dieser große Advent unter dem Zeichen Marias, so wie der erste Advent vor 2000 Jahren. Sie hat unseren Heiligen, der sich ihr gewidmet hat, auf den Weg des Apostelamtes und der siegreichen Liebe geführt.
Heiliger Geist komme, erneuere unsere Herzen und erneuere das Antlitz *dieser* Erde.

Kardinal Johannes Willebrands, Erzbischof von Utrecht, Primas der Niederlande

DIE BEDEUTUNG DER EINHEIT DER CHRISTEN FÜR EUROPA

Seit Widukinds Zeiten haben die germanischen Völker ein besonders inniges Verhältnis zum hl. Michael, dem Ersten der Erzengel. Schon bald nach ihrer Christianisierung bauten sie ihr tiefgründiges Vertrauen auf jene personifizierte Kraft zwischen Gott und den Menschen, die ihnen Hilfe und Schutz zu vermitteln verhieß: Hilfe bei der Ausbreitung und Stärkung des Reiches Gottes; Schutz vor allen gottfeindlichen Mächten und Gewalten. So ersteht denn auch in dieser Stunde am St. Michaelstage vor unserem geistigen Auge das Bild jenes Boten Gottes, den die christliche Kunst immer wieder mit den Attributen auszeichnete: mit Stab, Lanze und Waage. – Der Stab als Insignie des Herzogs und Hirten des christlichen Volkes; die Lanze als Zeichen der streithaften Grundbefindlichkeit der Kirche; die Waage als Inbegriff der Anwaltschaft des Erzengels für das christliche Volk in den letzten Tagen dieses Äons. – Im Blick auf die Geschichte der christlichen Frömmigkeit lassen sich die Spuren der Verehrung des Fürsten aller Engel in allen Teilen Europas lesen: in der byzantinischen Tradition des Ostens wie im Erbe des römisch-germanischen Kulturraumes. Die Feier des St. Michaeltages öffnet im Lichte dieser Perspektiven auch den Zugang zu dem Thema, zu dem ich nun sprechen möchte.

Nach der Bedeutung der Einheit der Christen für Europa zu fragen, heißt sich zunächst der umfassenderen Frage nach der Bedeutung des Christentums allgemein für die Gegenwart

Kardinal Johannes Willebrands

und die Zukunft Europas zu stellen. Je eindeutiger und überzeugender man sich hier einer positiven Antwort vergewissert, um so klarer tritt der Aspekt der Einheit der Christen ins Licht. – Von der Zeit der aufkeimenden Europa-Idee an, über die Phase der politischen Willensbekundungen und der Grundlegung der Einigungsbestrebungen, schließlich verstärkt bei der Schaffung der internationalen Organe und Institutionen des Einigungswerks haben führende christliche Persönlichkeiten und in wachsendem Maße auch die Kirchen und kirchlichen Gemeinschaften sich auf die spezifischen Herausforderungen des Christentums in diesem Kontext besonnen und aktiv zur Stärkung der geistig-kulturellen Grundlagen dieses Unternehmens der Einigung der Nationen beigetragen.

Europa im Blick der römisch-katholischen Kirche

Für die römisch-katholische Kirche und namentlich die Päpste bedeutet die Idee von einem geeinten Europa und seiner besonderen Sendung für die Menschheitsfamilie nach dem Sturz der europäischen Völker nahezu in den Abgrund totaler Selbstvernichtung mehr als ein politisch-pragmatisches Kalkül. Die in Ohnmacht und Schuld erfahrene Erschütterung führte nicht nur zur Erkenntnis der Möglichkeit individuellen oder kollektiven Versagens, sondern auch zur Wahrnehmung des gottgewollten Augenblicks mit den Chancen eines Neubeginns mit neuen Horizonten. Die unverzichtbare Sendung der Christen und ihrer Kirche, ihre im Glauben sichtbar werdende einmalige Berufung profilierte sich im Bewußtsein der Gläubigen.

Um dem Gebot der Stunde besser entsprechen zu können, wurden Organe geschaffen wie der Rat der Europäischen Bischofskonferenzen und die Kommission der Bischofskonferenzen der Europäischen Gemeinschaft mit ihrem Sekretariat in Brüssel. In vielbeachteten offiziellen Erklärungen haben die Bischofskonferenzen einzelner Länder und auch mehrerer Länder gemeinsam Impulse zur Verlebendigung des Europagedankens und zur Stärkung des Verantwortungsbewußtseins der Glieder der Kirche gegeben. Internationale theologische Symposien, Akademietagungen, kirchliche Großveranstaltungen, ebenso zahlreiche Initiativen von Gemeinden und Diözesen und weiteren kirchlichen Organisationen bezeugen inzwischen, zu welcher Dynamik das Wissen um die spezifischen Herausforderungen der Christen angesichts des „Europa im Werden" herangewachsen ist. Gerade die katholische Kirche ist sich bewußt geworden, daß sie als die Mehrheitskirche in Europa und im Besitz geeigneter Strukturen eine unersetzbare Rolle zu spielen hat.

Alle Bestrebungen und Aktivitäten zur Mobilisierung der christlichen Kräfte wurden begleitet von den eindeutigen Verlautbarungen der Oberhirten auf dem Stuhle des hl. Petrus. Die Päpste haben, obwohl sie als Hirten des Volkes Gottes in allen Kontinenten bestellt sind, immer wieder auf das verpflichtende Erbe der Geschichte Europas hingewiesen und in Wort und Tat Grundorientierungen und Weggeleit bis zum heutigen Tage für den Bau eines neuen Europa aus dem Geist der christlichen Tradition gegeben. Papst Paul VI. ernannte den schon viele Jahrhunderte hindurch mit dem Titel „Patriarch des Abendlandes" ausgezeichneten hl. Benedikt von Nursia, den Boten des Friedens und den Stifter der Einheit, zum geistlichen Patron und Protektor Europas (1964). Hatte bereits Papst Leo XIII. in einer Enzyklika daran erinnert, daß Europa als Ganzes die Frucht zweier christlicher Traditionsströme ist, mit denen sich auch zwei Kulturräume verbinden, die sich zu gleicher Zeit einander ergänzen, so erhob Papst Johannes Paul II. die Slawenapostel Cyrillus und Methodius zu Mitpatronen des europäischen Kontinents (1980). Die in päpstlichen Ansprachen artikulierte Leitidee läßt sich etwa wie folgt zusammenfassen: In aller Verschiedenheit der euro-

päischen Völker: Griechen, Römer, Germanen, Kelten, Angelsachsen und Slawen, sind diese, nachdem die Botschaft des Evangeliums sie geformt hat, dadurch verbunden, daß ihr öffentliches und privates Leben objektiv in christlichen Werten verwurzelt ist. Vor allem im Bereich der Kultur, wo Europa einen wahren Reichtum unterschiedlicher Erscheinungsformen kennt, gilt es heute die gemeinsamen christlichen Werte wiederzuentdecken, die den getrennten Völkern und Nationen das Bewußtsein von ihrer Zusammengehörigkeit zu einer einzigen Völkerfamilie zurückgeben kann. Auch die Einheit West- und Osteuropas kann nicht nur durch politische und soziale Veränderungen erreicht werden; sie muß vielmehr durch den Dialog der Kulturen, der zum Bewußtsein einer fundamentalen Verbundenheit und Gleichheit führt, wiedergefunden werden. Die Wiederannäherung zwischen der westlichen und der slawischen Kultur ist ein unverzichtbarer Schritt für die europäische Gemeinschaft.
Diese kurzen Hinweise mögen genügen, um zu zeigen, daß die römisch-katholische Kirche bereit ist, die Zeichen der Zeit zu verstehen, und sich auf den Weg gemacht hat, ihre eigene Verantwortung für das Europa von heute und morgen wahrzunehmen. Der Prozeß der inneren und äußeren Ausgestaltung dieses Kontinents verlangt nach dem konkreten und wirkungsvollen Beitrag der Christen. Es ist eine verheißungsvolle Erfahrung, daß die katholischen Christen bei diesem Bemühen nicht alleine gelassen sind.

Gemeinsame Verantwortung aller Kirchen und Konfessionen für Europa

Heute beteiligen sich Seite an Seite mit der römisch-katholischen Kirche die nichtkatholischen Kirchen und Gemeinschaften an der Entwicklung des europäischen Einigungswerkes. Bedeutsame Erklärungen und Aufrufe anderer Teile der europäischen Christenheit geben Zeugnis davon, so die öffentlichen Deklarationen des Britischen Kirchenrats, der bereits 1967 sich für die Ziele: Versöhnung, Frieden, Entwicklungshilfe – Europa als Gelegenheit für Christen, an der Verwirklichung dieser Ziele mitzuwirken, einsetzte. Aus Anlaß der ersten Europäischen Direktwahl entschloß sich der Rat der Evangelischen Kirche in Deutschland 1979 zu einem öffentlichen Aufruf. – Vor allem aber formierte sich der Wille zu einer ständigen gesamteuropäischen Begegnung in der Konferenz Europäischer Kirchen (KEK). Sie umfaßt heute nahezu 200 selbständige Kirchenorganisationen aus Ost und West und stellt eine beachtliche Klammer dar zwischen orthodoxen, anglikanischen und reformatorischen Kirchen. Als ökumenische Regionalkonferenz steht sie nicht nur im Zeichen eines theologisch-ekklesiologischen Dialogs, sondern stellt sich mit Vorrang den gegenwärtigen Lebensfragen wie: Frieden, Gerechtigkeit, Menschenrechte, Verantwortung für die Schöpfung. Obwohl die römisch-katholische Kirche selbst nicht direkt Mitglied dieser Konferenz ist, beteiligt sie sich intensiv an ihrer programmatischen Arbeit. Einen überzeugenden Ausdruck der Bereitschaft zur fortwährenden Zusammenarbeit und Solidarität bietet die inzwischen zum zweiten Male veranstaltete Europäische Ökumenische Begegnung zwischen der Konferenz Europäischer Kirchen und dem Rat der Bischofskonferenzen Europas unter konsultativer Beteiligung des römischen Einheitssekretariats.

Die Zusammenschau und Summe dieser vielgliedrigen Aktivitäten und ihrer institutionellen Verankerung erlaubt uns die verheißungsvolle Feststellung, daß die Kirchen und christlichen Gemeinschaften in Europa mit wachsendem Bewußtsein und Bestimmtheit des Willens ihre spezifische Verantwortung für die Gestaltung des Europa der Gegenwart und Zukunft wahrzunehmen sich bemühen. Sie wollen und können sich jedoch nicht mit bloßen Deklamationen, Appellen und Forderungen begnügen, sondern haben Ausschau nach

Mitteln und Wegen zu halten, wie sie sich selbst noch tatkräftiger und wirkungsvoller in den Dienst der Einheit und Gemeinschaft stellen können.

Verpflichtung aller Christen zu Einheit und Gemeinschaft

Europa ist im Laufe der Geschichte von immer neuen Spaltungen heimgesucht worden. Unterschiedliche politische Systeme, gegensätzliche Ideologien, soziale und ökonomische Gesellschaftsformen, partikularistisches Machtstreben, hegemonistische oder imperialistische Herrschaftsansprüche haben den Kontinent in wechselnden Konstellationen tiefgreifend zerrissen und oftmals in verheerende Kriege geführt. – Das Christentum stand und steht in einem unlösbaren Schuld- und Schicksalszusammenhang mit der tragischen Vergangenheit und ihren Folgen. Die konsequenzenreiche Entfremdung zwischen Ost- und Westeuropa durch die gegenseitigen Anathematisierungen west- und oströmischer Kirchenvertreter im Jahre 1054, die epochalen Auswirkungen und katastrophalen Folgen der Auseinandersetzungen zwischen der römisch-katholischen Kirche und den reformatorischen Bewegungen vor allem der Lutheraner, Calvinisten und Zwinglianer, schließlich die Loslösung der Kirche von England im 16. Jahrhundert lasten heute als Schuld und Versagen auf dem Gewissen der europäischen Christenheit. Gewiß hat die historische Forschungsarbeit heute nachweisen können, daß und wie die Christen und ihre Kirchen in die dunklen Kapitel der europäischen Geschichte hineinverstrickt waren in die konkreten politischen, soziologischen, überhaupt allzu weltlichen Interessensphären und sie gebunden waren durch die sozial-psychologischen Gegebenheiten. Unbestreitbar bleiben aus der Perspektive kritischer Distanz ein ungelöster Rest christlicher Schuld und Sünde gegenüber Gott und seinem Evangelium, wie auch die mit menschlichen Maßstäben nicht zu beurteilenden Anteile dieser oder jener Konfession an den tragischen Vorgängen. Daher steht die demütig-bußfertige Bereitschaft aller Christen in Europa, sowohl die Vergangenheit aufzuarbeiten und zu bewältigen, als auch den Willen Gottes im Hier und Heute mit aller Ernsthaftigkeit und Radikalität zu begreifen, am Beginn und ist unbedingte Voraussetzung für eine zukunftsträchtige Mitverantwortung für die Einigung Europas. In aller Nüchternheit kann ich den Eindruck nicht verleugnen, daß diese Gesinnung der Erneuerung aus dem Geiste der Buße und Umkehr, der Wiedergutmachung und Neuorientierung noch in weiten Bereichen der öffentlichen Meinung unserer Kirchen mangelhaft ausgeprägt ist. Das Ideal lebt jedoch in den Herzen zahlreicher christlicher Persönlichkeiten.

Die Christenheit in Europa hat sich nicht nur im Blick auf ihre eigene Geschichte vor dem Anruf des Evangeliums Christi zu verantworten. Die Horizonte sind größer und weiter geworden.

– Zunächst erfahren die Christen Europas immer deutlicher, daß ihre Spaltungen und Gegensätze in alle Welt exportiert worden sind und heute das Antlitz eben der weltweiten Christenheit entstellen. Der Auftrag des Herrn: Gehet hinaus in alle Welt, lehret alle Völker und taufet sie im Namen des Vaters, des Sohnes und des Heiligen Geistes, ist zwar mit subjektiv ehrlichem Elan von den Christen der verschiedenen konfessionellen Gruppierungen wahrgenommen worden; die Botschaft des Evangeliums erreichte die nichtchristlichen Völker jedoch in oft widersprüchlichem Gewand. Die Überzeugungskraft der einen frohen Botschaft wurde geschwächt und verzerrt. Die internationalen Wanderungsbewegungen, die Begegnungen der mobilen Gesellschaften ganzer Nationen sind zusätzlich zu Trägern der konfessionellen Uneinigkeiten geworden. Die Ausbreitung des Evangeliums und das Wachstum des Reiches Gottes auf Erden haben deutlich Schaden genommen. Es ist daher nicht zufällig, daß die ökumenische Bewegung unseres Jahrhunderts gerade von den christlichen Missionen her ihre entscheidenden Impulse empfangen hat (Internationaler Missionsrat).

– Eine weitere Herausforderung kommt hinzu. Es mehren sich die Zeichen dafür, daß weite Teile der europäischen Bevölkerung heute selbst einer neuen Evangelisierung bedürfen. Man spricht inzwischen von der Diasporasituation der europäischen Christen aller Konfessionen oder gar von Europa als einem Missionsland. Auch dieser Herausforderung haben sich die Christen zu stellen. Sie stehen vor dem militanten Atheismus, dem schleichenden Gift des heimlichen Unglaubens im alles umgreifenden Säkularismus und Libertinismus, sowie dem praktischen Materialismus, um nur einige der weitverbreiteten Geistes- und Lebenshaltungen zu nennen.

– Schließlich werden die Christen aller europäischen Länder mit der Herausforderung konfrontiert, daß in ihrer unmittelbaren Nachbarschaft die Grundrechte des Menschen und unter denen auch die Freiheit des kirchlichen Lebens beeinträchtigt werden.

Ohne Unterschied der Konfessionen und Kirchen wird in weiten Bereichen Europas täglich erfahren, daß die christliche Verwurzelung von Herkunft und Dasein massiv bedroht ist und ausgerottet werden soll.

In dieser globalen Situation der komplexen Herausforderungen wächst das Verlangen nach Solidarität und Gemeinschaft unter den Christen. Sie suchen sich der in Christus bereits gegebenen Einheit sicht- und erfahrbar zu vergewissern. Man besinnt sich auf die Geschichte, die jahrhundertelang durch den Geist der Einheit geprägt worden ist, eine Einheit in der Verschiedenheit christlicher Traditionen. Wenn Europa heute auf der Suche nach seiner eigenen Identität ist, so kann es eigentlich nur sich selbst in seiner vom Christentum durchseelten geistigen, kulturellen und religiösen Wirklichkeit begegnen.

Einheit der Christen und die besondere Sendung Europas

In unserem Jahrhundert erleben wir tiefgreifende Veränderungen hinsichtlich der Stellung Europas innerhalb der Weltgemeinschaft. Immer deutlicher wird sichtbar, daß andere Kontinente und Völker zu einflußreichen geistig-kulturellen, politischen und ökonomischen Kapazitäten heranwachsen. Die geschichtliche Rolle Europas wandelt sich nahezu in allen Bereichen. In diesem Zusammenhang bleiben auch die europäischen Kirchen nicht unberührt. Einst war die Christenheit mit dem Kontinent Europa fast identisch. Heute hat die Christenheit in verschiedenen Kulturräumen und oftmals sehr andersartigen politisch-gesellschaftlichen Lebensräumen eine plurale Gestalt gewonnen. Sie hat sich weitgehend aus der direkten Abhängigkeit von den europäischen Mutterkirchen gelöst. Trotz dieser Wandlungen im Erscheinungsbild und trotz der Bestrebungen, eine je eigene originäre Identität zu finden, wissen sich die weltweiten Kirchen und kirchlichen Gemeinschaften noch mit dem Mutterboden Europas verbunden. Sie blicken immer noch auf jene geschichtsträchtigen Länder und Kulturräume, von denen aus die Botschaft des Evangeliums in alle Welt gebracht worden ist. Aus diesem Grunde fällt Europa auch heute noch eine providentielle Rolle zu.
Der Dienst, den die Kirchen Europas für die Einheit der weltweiten Christenheit zu leisten haben und der von ihnen erwartet wird, besteht gewiß zunächst in der Rechenschaft über die Geschichte der verhängnisvollen Spaltungen innerhalb der europäischen Christenheit und ihren missionarischen Werken, zielt aber durch Gottes Vorsehung auf die besondere Sendung und den Auftrag, zum Heil der Welt die Einheit wiederzufinden, die Christus in seinem Hohenpriesterlichen Gebet gewollt hat. Das Vermächtnis des letzten Willens unseres Herrn und die Sache der befreienden Botschaft des Evangeliums sind die entscheidenden Motive und Imperative für

den umgreifenden Aufbruch der Kirchen in die ökumenische Bewegung. Primär können nicht allzu menschlich-irdische Losungen wie: „Einigkeit macht stark" oder „Christen aller Länder, vereinigt euch", auch nicht utilitaristisch-pragmatische Kalküle im Sinne einer bloßen Sammlungsbewegung der Christen zum Zwecke der gegenseitigen Stärkung und der wirkungsvolleren Selbstbehauptung die maßgeblichen Antriebe für die Ökumene sein. Es ist der Wille des Herrn der Kirche, der uns zum Werk der Einigung der Christenheit gerufen hat. In alledem bleibt wahr, daß das christliche Europa nur so stark ist und sein wird, als es die Summe der wahrhaft Gläubigen ist. Das Haus der europäischen Völkergemeinschaft kann nur dann nach einem christlichen Modell gebaut werden, wenn sich die Christen auf einen gemeinsamen Grundriß einigen.

Die römisch-katholische Kirche hat sich offiziell seit dem Zweiten Vatikanischen Konzil auf den Weg gemacht, die Einheit der Christen in Wort und Tat zu fördern. Sie beteiligt sich am großen Werk der Versöhnung. Mit einem dichten Netz von bi- und multilateralen Dialogen und in vielfältigen Bereichen der praktischen Zusammenarbeit strebt sie nach einem sichtbaren Ausdruck des bereits möglichen gemeinsamen Zeugnisses mit den Christen anderer Konfessionen. Zur Verdeutlichung möchte ich hinweisen auf die für die Einigung des ganzen Europa höchst bedeutsamen Dialoge mit den orthodoxen Kirchen, mit der anglikanischen Gemeinschaft und mit den reformatorischen Weltbünden, wie den Lutheranern und den Reformierten. Diese alle Nationen und Grenzen übergreifenden Begegnungs- und Gesprächsforen sind allein schon durch ihre Existenz Ausdruck der bestehenden Gemeinschaft. Der christliche Glaube erweist hier seine Metanationalität und verbindende Kraft.

Von einem rein geistlichen Standpunkt aus gesehen und ohne politische Nebengedanken sind die orientalische Auffassung von der Allmacht Gottes, seiner allgegenwärtigen Präsenz, der vollständigen Unterwerfung des Menschen unter den Willen Gottes einerseits und andererseits die westliche Auffassung von der religiösen Bedeutung der menschlichen Person, seiner Rechte, seiner Berufung zur Freiheit einander entgegengesetzt. Beide Auffassungen aber sind aus einer gemeinsamen Erfahrung geboren, welche es für beide möglich macht, einander zu verstehen, da sie beide auf das Wort Gottes hören, das in ihrem Inneren spricht. Der Gegensatz muß überwunden werden. Voraussetzung dazu ist der ökumenische Impuls, welcher in der Christenheit unserer Zeit lebendig ist. Zahllose Gläubige sehnen sich nach der Wiederherstellung der Einheit aller Christen.

Die Ergebnisse der Dialoge sind bereits jetzt Meilensteine auf dem Wege zur Einheit der Christenheit. Sie bieten der Welt – nicht nur Europa – neue Hoffnung an; sie zeugen vom Willen zur Wahrheit und zur Liebe. Es liegt in ihrer Natur, in allen Menschen guten Willens eine neue Gesinnung zu schaffen, einen Mentalitätswandel zu bewirken, ohne den es keine dauerhafte Gemeinschaft gibt. Die Stichworte: Rom, Konstantinopel, Moskau, Canterbury, Wittenberg, Genf zeigen das umfassende Koordinatensystem an, in dem sich die Christenheit Europas heute bewegt und einander begegnet.

In der Tat sind die Christen Europas dabei, diesen traditionsreichen, in Licht und Schatten getauchten Kontinent nicht nur als eine schicksalsverbundene Völkergemeinschaft zu entdecken, sondern ihn als Herausforderung zu begreifen, als ein Bewährungs- und Lernfeld vor den Augen der Welt. Sie werden sich der von Gott gegebenen Situation und der besonderen Berufung und Sendung hier und heute immer tiefer bewußt. Kein Christ ist bloßer Zuschauer aus Distanz. Die Christen wissen um die von Gott gewährten Gaben und Fähigkeiten, die Forderung der Wirklichkeit zu erkennen und das Gebot der Stunde wahrzunehmen. Leonardo sagte einmal: „Wer einen Stern fest im Auge hat, dreht sich nicht um." Der hl. Erzengel Michael möge die europäische Christenheit auf ihrem Weg in die Zukunft mit Stab, Lanze und Waage begleiten.

Kardinal Basil Hume, Erzbischof von Westminster

AUFGABE DER KIRCHE: KREUZZUG FÜR DEN FRIEDEN

Heute feiern wir in Köln mit tiefer Freude, in Respekt und in freundschaftlicher Verbundenheit das fünfzigjährige Jubiläum eines Priesters, der sein Amt hier im Herzen Europas durchweg in einer an Anforderungen und Herausforderungen außergewöhnlich reichen Zeit ausgeübt hat. Während der Messe haben wir Gott bereits für all das danken können, was Kardinal Höffner durch Gottes Gnade im Laufe seines priesterlichen Lebens erreicht hat. Wir ehren Kardinal Höffner wegen seiner inneren Festigkeit, wegen seines Glaubens und seines nacheifernswerten Beispiels.

In Würdigung seiner Person und seines Wirkens möchte ich – ihm als Priester und Europäer brüderlich verbunden – einige Gedanken zum Thema „Europa heute" vortragen. Ich tue dies, wie ich ausdrücklich betonen möchte, als Priester. Das Amt des Priesters ist auf das engste mit der grundlegenden Aufgabe der gesamten Kirche verbunden, die in der Verkündigung und Verwirklichung der Versöhnung zwischen Gott und den Menschen und der Menschen untereinander besteht – wie der heilige Paulus schreibt: „Aber das alles kommt von Gott, der uns durch Christus mit sich versöhnt und uns den Dienst der Versöhnung aufgetragen hat" (2 Kor 5, 18).

Ich möchte mich deswegen ausschließlich mit zwei Krisen befassen, die für unsere Generation ein besonders quälendes Problem darstellen und die unseren Kontinent nach wie vor teilen. Diese beiden Krisen machen Versöhnung zu einem dringenden Erfordernis, da sie die Menschen und die Völker entzweien. Ich möchte über die Krise der Macht und über die

Kardinal Basil Hume

Krise der zeitlichen Güter sprechen, so wie sie heute in Europa in Erscheinung treten.
Meines Erachtens sind beide Krisen ein Symptom für die Sünde, die die Gesellschaft befallen hat. Sie haben ihren Ursprung in dem geteilten Herzen der Menschen. Sie rufen laut nach der heilenden Berührung des Göttlichen Arztes. Menschliche Weisheit allein kann hier wohl eine gewisse Hilfe, aber keine Heilung bringen. Es handelt sich also zweifellos um Themen, die den Christen zur Selbstbesinnung, zu geistigem Engagement und zum Handeln aufrufen.

Krise der Macht

Bei dem Europa von heute fällt vor allem ins Auge, daß es in zwei Teile gespalten ist. Die ganze Welt weiß, daß es sich hier potentiell um den am höchsten gefährdeten Bereich handelt, wo eine bewaffnete Auseinandersetzung zu einem schrecklichen Feuersturm der Vernichtung führen könnte. Nun hat es eine solche Auseinandersetzung in Europa seit mehr als siebenunddreißig Jahren nicht mehr gegeben. Gerade weil jede Seite sich über die Folgen eines solchen Konfliktes im klaren ist, läßt sich argumentieren, daß die Welt heute vor einem Atomkrieg sicherer ist als in den vorangegangenen Jahrzehnten. Zwischen den Supermächten ist es im Laufe der Zeit zu gewissen Kontakten gekommen, und sie wissen heute mehr voneinander. Die Verbreitung und Vielfalt der modernen Atomwaffen haben das Risiko vermindert, daß eine Seite versuchen könnte, gegen die andere einen Überraschungsangriff zu führen. Der auf Europa lastende Schatten einer atomaren Katastrophe hat sogar den Einsatz konventioneller Waffen verhindert.
Zu einer wesentlichen Verringerung der Feindseligkeit ist es allerdings nicht gekommen. Wir erfreuen uns nicht eines wirklichen Friedens. Aber der Zustand eines bewaffneten

Waffenstillstandes in Europa ist einem tatsächlichen Krieg dennoch vorzuziehen. Insofern kann man sagen, daß die Politik der Abschreckung funktioniert hat. Für den Christen und den Friedensstifter wirft die gegenwärtige Lage jedoch eine Fülle von moralischen Fragen auf und stellt unsere Generation vor ihre wichtigste Herausforderung.

Es ist, so meine ich, klar erkennbar, daß die Kirche mit ihrer Lehre zum Thema Krieg und Frieden auf das so nie dagewesene Blutvergießen und die Schrecken unseres Jahrhunderts reagiert. Die Lehre entwickelt sich in dem Maße weiter, wie das christliche Gewissen mit dem modernen Konzept des totalen Krieges und der ungeheuren Zerstörungskraft der modernen Waffen kämpft. Da die Welt offensichtlich nicht in der Lage ist, alternative Strategien zu entwickeln und von dem Wahnsinn des Wettrüstens besessen ist, erkennt die Kirche, vom Heiligen Geist inspiriert, immer klarer ihren Auftrag der Versöhnung und ihre Pflicht, den Frieden zu predigen.

Gegenwärtig wäre es nicht klug, zu dogmatisch zu sein, vor allem dann, wenn ernsthafte und engagierte Christen unterschiedliche Standpunkte vertreten. Andererseits zeichnet sich die innerhalb der Kirche geführte Diskussion durch eine verständliche Dringlichkeit aus. Es wäre allerdings unehrlich, zu behaupten, es habe sich bereits in allen Punkten, die mit der Frage von Krieg und Frieden zusammenhängen, ein Konsens herausgebildet. So wird beispielsweise erst seit dem Zweiten Vatikanischen Konzil seitens der katholischen Kirche offiziell anerkannt, daß Katholiken legitimerweise einen pazifistischen Standpunkt beziehen können (Gaudium et spes 78–79). Unter den Katholiken herrscht Uneinigkeit, was die Frage der moralischen Berechtigung der nuklearen Abschreckung, die Weitergeltung der Lehre vom „gerechten Krieg", das Recht auf Selbstverteidigung und einseitige Abrüstung betrifft.

Es ist wichtig, sich über die positive Lehre der Kirche Gedanken zu machen. Die christliche Vision vom Frieden unterscheidet sich wesensmäßig von dem diesbezüglichen Verständnis der säkularen Welt. Friede heißt nicht einfach, daß es keine kriegerischen Auseinandersetzungen gibt. Die Kirche hat von Christus den Auftrag erhalten, der Welt seinen Frieden zu bringen, und Paulus lehrt uns, daß Jesus Christus selbst unser Friede ist, der den in seiner Sündhaftigkeit in sich selbst zerfallenen Menschen heilt, indem er die Welt mit Gott versöhnt und die Einheit unter den Völkern wiederherstellt (siehe Eph 2, 13–18).

Die biblische und christliche Vorstellung vom Frieden ist notwendigerweise eng mit dem Ideal der Rechtschaffenheit und Gerechtigkeit verbunden – mit der Erfüllung der eigenen Verantwortung gegenüber Gott und dem Nächsten. Im Neuen Testament wird uns Gottes rettende Liebe offenbart und das neue Gebot gegeben, daß wir einander lieben sollen, wie Christus uns geliebt hat (Joh 13, 14). Hier kommen wir zu dem eigentlichen Kern und Herzstück des Neuen Bundes und des Evangeliums des Friedens. Wir müssen die Verkünder der Versöhnung sein, und das bedeutet, daß wir Friedensstifter sein müssen. Diejenigen, die das Evangelium verkünden, müssen sich für die Verwirklichung des Reiches Gottes unter den Menschen einsetzen.

Die Kirche und der einzelne Christ haben folglich die Aufgabe, diejenigen miteinander zu versöhnen, die uneins sind, die Ungerechtigkeiten und Ungleichheiten zu heilen, die Bitterkeit und Streit hervorrufen, und allezeit für die brüderliche Verbundenheit unter den Menschen Zeugnis abzulegen. Wir müssen der Welt Christus und damit den Frieden bringen. Wir müssen auf die Umkehr des Herzens hinarbeiten, die die notwendige Voraussetzung für den Frieden darstellt. Wir müssen versuchen, eine Gesellschaft zu errichten, in der der Krieg undenkbar ist.

Hier könnte der Eindruck entstehen, als habe das christliche Ideal keinen Berührungspunkt mit der Wirklichkeit. Die Geschichte verweist auf eine Kette von Mißerfolgen und scheint die Unvermeidbarkeit des Krieges zu beweisen. Im Gegensatz zu einer solchen pessimistischen Haltung haben Johannes XXIII., Paul VI. und Johannes Paul II. wiederholt bekräftigt, daß Frieden nicht nur notwendig, sondern auch möglich ist. Ein neues Bewußtsein von den Schrecken des Krieges bedrängt in unserer Zeit das Weltgewissen.

Die Natur des Krieges hat sich geändert. Er wird nicht mehr zwischen Berufsheeren geführt. Er ist in seinen Auswirkungen und in der Zahl der Menschenleben, die er fordert, nicht mehr begrenzt. Die konventionellen wie die nuklearen Waffen erlangen gegenwärtig eine schreckenerregende Macht. Der Christ und die christliche Kirche beginnen jetzt, sich unmittelbar mit den moralischen Auswirkungen des neuen Weltbildes auseinanderzusetzen. Jahrhundertelang schien es, als reiche die klassische Lehre vom „gerechten Krieg" als Richtschnur für das christliche Gewissen aus. Heute scheint die vordringlichste Aufgabe der Kirche in einem Kreuzzug für den Frieden zu bestehen – einem Kreuzzug, der nicht politischer Art ist, sondern einen Teil ihres Verkündigungsauftrages darstellt.

Hier meine ich eine neue und wichtige Rolle für die Kirche in Europa zu sehen. Anfang Oktober 1982 nahm ich zusammen mit etwa achtzig anderen Bischöfen an einem Symposium in Rom teil, bei dem es um unsere gemeinsame Verantwortung ging, den ganzen Kontinent für das Evangelium zu gewinnen. Die Bischöfe kamen aus Ost und West, vom Atlantik bis zum Ural, von Skandinavien bis Malta. Uns verband ein Gefühl der Brüderlichkeit, der Gemeinschaft und das Bewußtsein einer gemeinsamen Aufgabe. In einem getrennten Kontinent waren wir eins. Wir vertraten unsere jeweilige Ortskirche als eine Gemeinde von Gläubigen, die bereits einer Gemeinde der Versöhnung angehören. Da wurde mir klar, welchen gewaltigen Einfluß wir ausüben könnten, um zur Heilung der Wunden der Trennung unseres Kontinents beizutragen.

Wir könnten eine gewichtige Stimme sein, die eindringlich

zu Mäßigung, gegenseitigem Verstehen und Frieden aufruft. Wir könnten unsere Fähigkeiten und unsere Mittel dafür einsetzen, um zwischen nichtversöhnten Nachbarn Brücken zu bauen. Wir können dazu beitragen, Spannungen abzubauen und Vertrauen aufzubauen. Wir können einen wesentlichen Beitrag leisten, indem wir unsere eigenen Gemeinden und unsere Kinder so erziehen, daß sie friedensfähig sind. Damit bietet sich unserer Kirche gewiß ein Weg in die Zukunft.

Wie steht es jedoch mit der Gegenwart? Wir leben in einer Welt der Uneinigkeit und Konfrontation, die unser christliches Friedensideal zu mißachten scheint. Wie sollen wir Katholiken und andere unterweisen, die in den Streitkräften dienen, die politische Entscheidungen zu treffen haben und deren Lebensunterhalt von der Herstellung und dem Verkauf von Waffen abhängt? Sollen wir sie drängen, sich aus diesen Bereichen zurückzuziehen? Ist das, was sie tun, unmoralisch? Dies sind schwerwiegende und strittige Fragen, die eine Antwort von uns verlangen.

Glücklicherweise hat Papst Johannes Paul II. die gegenwärtige Lehre der Kirche in einer Botschaft an die Sondersitzung der Vereinten Nationen über die Abrüstung am 13. Juni 1982 zusammengefaßt. Seine gesamte Ansprache muß gründlich durchdacht werden. Ich zitiere im folgenden nur die Stellen, die für meine eigenen Überlegungen von Bedeutung sind.

Der Papst betont: „Die Kirche hat immerfort versucht, zum Frieden beizutragen und eine Welt aufzubauen, die zur Beilegung von Differenzen nicht mehr den Krieg anzuwenden braucht" (Nr. 5). Er erklärt, daß die katholische Kirche einen klaren und konsequenten Standpunkt vertritt: „Sie bedauert den Rüstungswettlauf, sie fordert als das mindeste einen fortschreitenden gegenseitigen und kontrollierbaren Abbau sowie größte Vorsichtsmaßnahmen gegen einen möglichen Mißbrauch von Kernwaffen. Zugleich beansprucht die Kirche für jede Nation die Beachtung der Unabhängigkeit, der Freiheit und der berechtigten Sicherheit" (ebd.).

Lassen Sie mich einen Moment von der Rede des Papstes abschweifen, um einen Punkt zu unterstreichen, der für die „Unabhängigkeit, Freiheit und berechtigte Sicherheit" des Staates von hoher Relevanz ist: In diesem Zusammenhang ist die Feststellung von größter Bedeutung, daß die Kirche in neuester Zeit dem Staat das Recht auf Selbstverteidigung nicht abgesprochen hat. Dies ergibt sich aus der Botschaft des Papstes, und in der Pastoralkonstitution des Zweiten Vatikanischen Konzils „Die Kirche in der Welt von heute" wird es ausdrücklich gesagt: „Solange die Gefahr von Krieg besteht und solange es noch keine zuständige internationale Autorität gibt, die mit entsprechenden Mitteln ausgestattet ist, kann man, wenn alle Möglichkeiten einer friedlichen Regelung erschöpft sind, einer Regierung das Recht auf sittlich erlaubte Verteidigung nicht absprechen" (Gaudium et spes 79).
Meines Erachtens ist es hier wichtig einzuräumen, daß dieses Recht an bestimmte Bedingungen geknüpft ist. Es handelt sich um einen letzten Ausweg; zunächst sind alle anderen nur erdenklichen Anstrengungen, mit Ausnahme des bewaffneten Widerstandes, zu unternehmen. Außerdem heißt es: „. . . solange es noch keine zuständige internationale Autorität gibt". Das Konzil gibt Bemühungen um die Bewahrung des Friedens auf internationaler Ebene eindeutig den Vorzug. Auch in den Lehren der Päpste der neueren Zeit wird dieses Thema häufig aufgegriffen. Es handelt sich um eine Alternative, die die Katholiken von heute eindringlicher vertreten sollten.
Papst Paul VI. bekräftigte das Recht auf Selbstverteidigung, als er 1965 eine Ansprache vor den Vereinten Nationen hielt; das gleiche Recht verteidigte der Apostolische Stuhl vor den Vereinten Nationen 1976, und Papst Johannes Paul II. bekräftigte es erneut in seiner Botschaft zum Tag des Friedens 1982. Dieser konsequenten Lehre zufolge ist kein Staat moralisch dazu verpflichtet, einseitig und ohne feste Garantien auf die legitime Verteidigung seiner Bürger zu verzichten.

Es gibt Stimmen in der Kirche, die stark für eine einseitige Abrüstung eintreten. Sie verurteilen den Besitz von Atomwaffen und die Politik der Abschreckung als unmoralisch. Das Zweite Vatikanische Konzil verurteilte die unterschiedslose Tötung Unschuldiger durch den Einsatz solcher Massenvernichtungswaffen gegen die Zivilbevölkerung. Die Befürworter der einseitigen Abrüstung unter den Christen gehen weiter und behaupten, daß Kernwaffen, auch wenn sie gegen militärische Ziele gerichtet sind, zu einem radioaktiven Niederschlag führen, dessen zerstörende Wirkung nicht abzuschätzen ist, und daß selbst ein begrenztes atomares Gefecht unausweichlich zu einer schrecklichen Massenvernichtung eskalieren würde. In Anbetracht dieser Folgen wird argumentiert, daß es unmoralisch wäre, solche Waffen einzusetzen oder dies zu beabsichtigen.

Papst Johannes Paul II. folgt diesem Argument nur bis zu einem gewissen Grade. Für ihn bleibt das Ziel immer die totale Abrüstung. Darauf sollten die Völker aufrichtig und mit aller Kraft hinarbeiten, sagt er. In der geteilten und sündigen Welt ist er jedoch nicht bereit, die Politik der atomaren Abschrekkung uneingeschränkt zu verurteilen. Er scheint es als einen vorübergehenden Ausweg zu akzeptieren, daß eine Regierung einen möglichen Angreifer mit dem angedrohten Einsatz ihrer eigenen atomaren Rüstung abschrecken kann. Er erklärt: „Unter den gegenwärtigen Bedingungen kann eine auf dem Gleichgewicht beruhende Abschreckung – natürlich nicht als ein Ziel an sich, sondern als ein Abschnitt auf dem Weg einer fortschreitenden Abrüstung – noch für moralisch annehmbar gehalten werden" (ebd., 11. Juni 1982).

Es ist nur eine begrenzte und eingeschränkte Billigung. Der Papst ist sich der Gefahr eines Vertrauens in eine langfristige Abschreckung wohl bewußt: „Um jedoch den Frieden sicherzustellen, ist es unerläßlich, daß man sich nicht mit diesem Minimum zufriedengibt, das immer von einer wirklichen Explosionsgefahr belastet ist" (Nr. 8). Auf lange Sicht ist es notwendig, einen anderen und sichereren Weg zur Gewährleistung der Sicherheit und des Weltfriedens zu suchen. Er vertraut auf „die Kraft fairer Verhandlungen, um zu gerechten und vernünftigen Lösungen zu kommen" (ebd.). Er hat immer die Notwendigkeit einer verifizierbaren multilateralen Abrüstung betont. – Am Ende dieser meiner ersten Überlegung angelangt, meine ich nochmals wiederholen zu müssen, daß der Papst – ja die gesamte Kirche – darum kämpfen, in einer wahnsinnigen Welt die Vernunft zu bewahren. Wir empfehlen in keiner Weise die Anwendung von Gewalt und Krieg. Bisweilen müssen wir mit größtem Widerstreben und Bedauern zugeben, daß es in unserer in Sünde verfallenen Welt in einigen Fällen notwendig sein mag, Gewalt als äußerstes Mittel zur Verteidigung von Freiheitsrechten und Menschenrechten anzuwenden. Wir würden dafür die striktesten Bedingungen festlegen. Wir fordern nachhaltig zu unermüdlichen Anstrengungen auf, um die zerstörerischen Auswirkungen menschlicher Konflikte zu begrenzen. Wir halten der Welt ständig das christliche Ideal von Frieden und einer die ganze Menschheit umfassenden Brüderlichkeit vor Augen.

Die Politik der nuklearen Abschreckung bietet der Menschheit keine Sicherheit für die Zukunft. Ich werde von der quälenden Furcht geplagt, daß der Mensch am Ende der Zeit das zerstören wird, was Gott am Anfang geschaffen hat. Ich fürchte, daß die Geschichte der Menschheit, die mit der Genesis begann, möglicherweise mit einem schrecklichen Kapitel endet, das der Nemesis gewidmet ist. Werden wir zusehen und es erdulden müssen, daß Gottes Welt in das urzeitliche Chaos zurückfällt, aus der sie aufgetaucht war?

Verstandesmäßig kann ich akzeptieren, daß Abschreckung moralisch vertretbar ist, aber nur sofern sie lediglich einen Schritt auf dem Weg zu multilateraler und totaler Abrüstung darstellt. Nichtsdestoweniger schreit alles, was in mir Christ und Mensch ist, laut auf und protestiert gegen den unvor-

stellbaren Schrecken einer Welt, die allein das Vorhandensein solcher Waffen zuläßt.
Die atomare Krise hat das Bewußtsein der Welt so in ihren Bann gezogen, daß sie unser moralisches Empfinden bis zu einem gewissen Grad entstellt hat. Wir sind zunehmend und verständlicherweise besorgt über die Atombombe wegen ihrer potentiellen Zerstörungskraft. Wir sehen uns aber nicht zum Handeln veranlaßt, wenn durch Hunger und Unterernährung in unserer heutigen Welt massenweise menschliches Leben vernichtet wird. Wir sind beunruhigt durch Voraussagen über mögliche Verluste in einem Atomkrieg; aber wir nehmen den derzeitigen Tod von zahllosen Kindern, die jedes Jahr an Hunger sterben, ruhig hin, als sei es ein unvermeidlicher Bestandteil menschlichen Lebens. Dies führt mich zu meinem nächsten Punkt.

Krise der zeitlichen Güter

Die zweite Krise, die Europa heute durchlebt, ist die Krise der zeitlichen Güter. Innerhalb des Kontinents selbst sind erhebliche Ungleichheiten zu verzeichnen, und es besteht stets die Gefahr, daß die Europäische Gemeinschaft – wenn nicht sogar Westeuropa überhaupt – ein „Club der Reichen" bleibt, unberührt von den Leiden und Entbehrungen in der südlichen Hemisphäre. Auch zwischen dem wohlhabenden Norden und dem weniger begünstigten Süden Europas gibt es ein allgemeines – wenn auch weniger genau definiertes – wirtschaftliches Gefälle. Die Menschen in Skandinavien, Großbritannien, Frankreich oder in diesem Land leben offensichtlich in besseren materiellen und finanziellen Verhältnissen als die Menschen in Griechenland, Spanien oder Süditalien. Selbst die wohlhabenderen Länder kennen Probleme der Armut und des Mangels, die die Schwächsten am härtesten treffen; die „Vierte Welt", wie sie bisweilen genannt wird, gibt es wirklich. Selbst die ärmsten Länder auf dem europäischen Kontinent erfreuen sich jedoch eines Lebensstandards, der ungleich höher ist als in den meisten Ländern der Dritten Welt. Ungleichheit und Ungerechtigkeit rufen Bitterkeit und Zwietracht hervor.

Hier besteht eine klar erkennbare Verbindung zu meinem ersten Thema. Ich halte es für bedeutsam, daß in dem Konzilsdokument „Gaudium et spes" unmittelbar nach den Ausführungen über Krieg und Frieden von den reichen und den armen Völkern die Rede ist; es heißt dort eingangs: „Um den Frieden aufzubauen, müssen vor allem die Ursachen der Zwietracht in der Welt, die zum Krieg führen, beseitigt werden, an erster Stelle die Ungerechtigkeiten. Nicht wenige entspringen allzu großen wirtschaftlichen Ungleichheiten oder auch der Verzögerung der notwendigen Hilfe. Andere entstehen aus Herrschsucht und Mißachtung der Menschenwürde und, wenn wir nach den tieferen Gründen suchen, aus Neid, Mißtrauen, Hochmut und anderen egoistischen Leidenschaften" (Gaudium et spes 83). In seiner Enzyklika „Populorum progressio" formulierte Papst Paul VI. diesen Gedanken wie folgt: „Entwicklung ist der neue Name für Frieden."

Die Krise der zeitlichen Güter steht, wie die Krise der Macht, in einem engen Zusammenhang mit der menschlichen Sündhaftigkeit und folglich mit dem Auftrag der Kirche, das Evangelium und die Botschaft der Versöhnung zu predigen. Auch dieses ist also ein Thema, das den Christen zur Selbstbesinnung, zu geistigem Engagement und zum Handeln aufruft. Lassen Sie mich hierzu drei Bemerkungen machen:

1. Das Verständnis der Kirche in bezug auf die Themen Armut, soziale Ungleichheit und strukturelle Ungleichheit, wie auch in bezug auf Krieg und Frieden, vertieft und entwickelt sich gegenwärtig;

2. die Kirche versteht die Entwicklung der Völker jetzt als einen Prozeß, der alle Aspekte des menschlichen Daseins um-

Biographie der Autoren

Der Bischof von Straßburg, *Dr. Léon Arthur Elchinger,* 1908 in Sufflenheim im Unterelsaß geboren, empfing im Jahr 1931 die Priesterweihe. Anschließend wirkte er in der praktischen Seelsorge. 1945 wurde ihm die Leitung des christlichen Erziehungswesens in der Diözese Straßburg übertragen. Ab 1951 war er Präsident der Europäischen Kommission für religiöse Erziehung. Sechs Jahre später wurde er Weihbischof in Straßburg, und seit 1967 ist er Bischof der Diözese Straßburg.
In der Diskussion um das Verhältnis von Kirche und Staat in Frankreich bekennt sich Elchinger zur völligen Unabhängigkeit der Kirche. Der Straßburger Bischof setzt sich auch entschieden für die Förderung des ökumenischen Gedankens ein. Innerhalb des französischen Episkopats obliegt ihm die Aufgabe der Kontaktpflege zur Deutschen Bischofskonferenz.

Der polnische Primas, *Kardinal Jozef Glemp,* 1928 in Inowroclaw in der Erzdiözese Gnesen geboren, empfing 1957 die Priesterweihe. Danach studierte er Kirchenrecht an der Päpstlichen Universität Gregoriana in Rom. In den sechziger Jahren bekleidete er verschiedene Ämter am Erzbischöflichen Ordinariat in Gnesen und war ab 1967 Sekretär von Kardinal Wyszyński. 1979 wurde Jozef Glemp zum Bischof von Ermland mit Sitz in Olsztyn/Allenstein ernannt. Zwei Jahre später übertrug ihm Papst Johannes Paul II. als Nachfolger von Kardinal Wyszyński das Amt des Erzbischofs von Gnesen und Warschau. Damit wurde Glemp Primas von Polen. 1982 erfolgte die Aufnahme in das Kardinalskollegium.
Kardinal Glemp setzte, wie sein Vorgänger, in den schweren Jahren nach seinem Amtsantritt die Gespräche mit den politisch Verantwortlichen fort und rief die Bevölkerung immer wieder zu Ruhe und Mäßigung in ihren Forderungen auf.

Der Erzbischof von Köln, *Kardinal Joseph Höffner,* wurde 1906 in Horhausen (Westerwald) als Sohn eines Landwirts geboren. Zum Priester geweiht wurde er 1932 in Rom nach dem Studium an der Universität Gregoriana. Er war seelsorglich tätig als Kaplan, später als Pfarrer. Er ist Doktor der Theologie, Philosophie und der Wirtschaftswissenschaften. Ab 1945 lehrte er als Professor für Pastoraltheologie und christliche Soziallehre am Priesterseminar in Trier, 1951 wurde er Ordentlicher Professor für Christliche Sozialwissenschaften an der Universität Münster und gründete dort das Institut für Christliche Sozialwissenschaften. 1962 wurde er zum Bischof von Münster ernannt und 1969 zum Erzbischof von Köln; 1969 erfolgte die Berufung ins Kardinalskollegium. Er ist Vorsitzender der Deutschen Bischofskonferenz und Mitglied zahlreicher wissenschaftlicher und kirchlicher Gremien.
Kardinal Höffners besondere Anliegen sind die Seelsorge, die Sorge um den Menschen, sowie die Formulierung einer christlichen Soziallehre: die Verwirklichung des christlichen Glaubens in der modernen Gesellschaft.

Der Erzbischof von Westminster, *Kardinal George Basil Hume,* wurde 1923 in Newcastle geboren. Sein Vater, Sir William Hume, war Anglikaner. George Basil Hume trat 1941 in den Benediktinerorden ein und empfing 1950 die Priesterweihe. Ab 1952 lehrte er am College des Klosters Ampleforth und war ab 1955 dort Professor für Dogmatik. Zum Abt des Klosters Ampleforth wurde er 1963 gewählt. Papst Paul VI. ernannte ihn 1976 zum Erzbischof von Westminster. Damit übernahm zum erstenmal in der neueren britischen Kirchengeschichte ein Mönch dieses Amt. Im selben Jahr wurde ihm auch der Kardinalspurpur verliehen. Seit 1979 ist Hume Vorsitzender der Bischofskonferenz von England und Wales und Präsident des Rates der Europäischen Bischofskonferenzen.
Hume gilt als geistlicher Führer, der die katholische Kirche in England stärker in das nationale und geistliche Leben des Landes hineinziehen möchte. Ihm ist sehr an engen Beziehungen zu anderen Glaubensgemeinschaften gelegen.

Der Erzbischof von Wien, *Kardinal Franz König,* 1905 in Warth (Diözese St. Pölten) als Sohn einer Bauernfamilie geboren, empfing 1933 in Rom die Priesterweihe. Studien der Naturwissenschaften, der Philosophie, der Theologie, der Sozialwissenschaften führten ihn nach Wien, Rom und Lille in Frankreich. Ab 1938 war König an der Domkirche in St. Pölten tätig und Jugendseelsorger des Bistums St. Pölten. In Salzburg lehrte er ab 1948 Moraltheologie. Nachdem er 1952 zum Titularbischof von Livias und Koadjutor mit dem Recht der Nachfolge des St. Pöltener Bischofs Memelauer ernannt worden war, verlieh ihm Papst Pius XII. 1956 das Amt des Erzbischofs von Wien, und Papst Johannes XXIII. nahm ihn 1958 in das Kardinalskollegium auf.
Kardinal König ist Befürworter einer nachgehenden Seelsorge. Er versteht die Kirche stets auch als gestaltenden Faktor der Gesellschaft und hatte persönlichen Anteil an der Entkrampfung des Verhältnisses von Staat und Kirche in Österreich. Als spezifische Aufgabe des Erzbischofs von Wien sah er die Überwindung der Isolierung der Kirche im kommunistischen Machtbereich durch Herstellung brüderlicher Kontakte der Kirche in Österreich zu den Nachbarkirchen in Osteuropa an.
Papst Paul VI. übertrug Kardinal König 1965 die Leitung des neu gegründeten Sekretariats für die Nichtglaubenden, die er bis zum Jahre 1980 innehatte. König pflegte die Kontakte zu führenden Vertretern des Islam, des Judentums und anderer nichtchristlicher Religionen. Sein bereits 1951 erschienenes Buch „Christus und die Religionen der Erde" wurde zum Standardwerk der vergleichenden Religionswissenschaft.

Der Erzbischof von Paris, *Kardinal Jean-Marie Lustiger,* wurde 1926 in Paris als Sohn polnischer Juden geboren. Seine Mutter starb 1943 im Konzentrationslager Auschwitz. Lustiger trat mit 14 Jahren zum katholischen Glauben über und wurde 1954 zum Priester geweiht. Er war zunächst Studentenpfarrer an der Sorbonne und machte sich als Prediger einen Namen. Zehn Jahre, bis zu seiner Ernennung zum Bischof von Orléans im Jahr 1979, war er Pfarrer der Pariser Gemeinde Saint-Jeanne de Chantal. Das Amt des Erzbischofs der Seine-Metropole wurde ihm 1981 übertragen, und zwei Jahre später ernannte

Papst Johannes Paul II. ihn zum Kardinal. Lustiger ist ein Mann der Seelsorge, räumt den Laien einen wichtigen Platz in der Kirche ein und setzt große Hoffnungen in die Jugend.

Der Erzbischof von Krakau, Kardinal *Franciszek Macharski,* wurde 1927 in Krakau geboren und empfing 1950 die Priesterweihe. Als Schüler von Professor Joseph Bochenski promovierte er an der Theologischen Fakultät der Universität Fribourg/Schweiz. Ab 1960 wirkte er am Krakauer Priesterseminar, ab 1962 als Professor für Pastoraltheologie und Homiletik. Jahrelang gehörte Macharski zu dem engeren Kreis der Mitarbeiter von Kardinal Karol Wojtyła, der ihn als Papst Johannes Paul II. 1978 zum Erzbischof von Krakau ernannte, ihm in Rom die Bischofsweihe spendete und ihn 1979 in das Kardinalskollegium berief.
Seit der Schweizer Studienzeit pflegt Macharski die Verbindung zu Deutschland und nahm an zahlreichen Katholikentagen teil. In seiner Diözese setzt er das Konzept seines Vorgängers Wojtyła von einer offenen Kirche fort und ist um den Dialog zwischen den Geistlichen und Wissenschaftlern verschiedener Disziplinen bemüht.

Der Erzbischof von Utrecht, *Jan Willebrands,* 1909 in Bovenkarspel im Bistum Haarlem geboren, wurde 1934 zum Priester geweiht. Nach weiteren Studien in Rom war er ab 1937 Seelsorger in Amsterdam und übernahm 1940 die Professur für Philosophie am Theologischen Seminar in Warmond. 1946 wurde er Präsident der St.-Willibrord-Vereinigung, einer katholischen Bewegung zur Förderung des Ökumenismus in den Niederlanden, und ab 1951 organisierte er die „Katholische Konferenz für ökumenische Fragen", die jährlich Bischöfe und Theologen aus europäischen Ländern zu mehrtägigen Studien zusammenführte. Papst Johannes XXIII. ernannte ihn 1960 zum Sekretär des Sekretariats für die Einheit der Christen, dessen erster Präsident Kardinal Bea war und dessen Nachfolger Willebrands 1969 wurde. 1964 zum Titularbischof von Mauriana geweiht, empfing er 1969 die Kardinalswürde. 1975 wurde er zum Erzbischof von Utrecht ernannt.
Trotz seiner Begeisterung für die Einheit der Christen ist Wille-

brands kein „Stürmer". Seine Geduld und seine Fähigkeit, auf andere Menschen zuzugehen, waren ihm in seinen ökumenischen Bemühungen von Anfang an hilfreich. So war er auch immer wieder Botschafter der Päpste für die zwischenkirchlichen Beziehungen.

Der verstorbene Kardinalprimas von Polen, *Stefan Wyszyński,* wurde 1901 geboren und empfing 1924 die Priesterweihe. Bis zu Beginn des Zweiten Weltkriegs engagierte er sich als Sozialkaplan, Publizist und Wissenschaftler. Während des Krieges wirkte er im Untergrund als Seelsorger, eine Zeitlang auch bei den Aufständischen in Warschau. 1946 wurde er zum Bischof von Lublin ernannt, und schon zwei Jahre später bestellte ihn der Papst zum Erzbischof von Gnesen und Warschau. Damit wurde er auch „geborenes" Oberhaupt der katholischen Kirche in Polen. Herausragende Ereignisse seiner mehr als drei Jahrzehnte umspannenden Amtsführung waren Inhaftierung und Verbannung von 1953 bis 1956, zahlreiche Konflikte mit Parteichef Gomulka, die kirchenpolitische Entspannung seit Mitte der siebziger Jahre und die Wahl des Krakauer Kardinals Karol Wojtyła zum Papst.
Bedeutendes Zeichen der Versöhnung nach dem Zweiten Weltkrieg war ein Briefwechsel der polnischen und deutschen Bischöfe im Jahr 1965. Besuche der Kardinäle Döpfner und Höffner in Polen erwiderte Kardinal Wyszyński mit einer Delegation der Polnischen Bischofskonferenz im Jahr 1978.
Kardinal Wyszyński starb 1981.

Daten zu den Ansprachen

Kardinal König (S. 9):
Ansprache anläßlich der Geburtstagsfeiern für die Kardinäle Joseph Höffner und Josef Frings (26. Dezember 1976/23. Januar 1977) während des Pontifikalamtes im Kölner Dom am 23. Januar 1977

Bischof Elchinger (S. 21):
Predigt im Kölner Dom beim Festgottesdienst anläßlich der 92. Versammlung des Cartell-Verbandes der Katholischen Deutschen Studentenverbindungen (CV) am 28. Mai 1978

Kardinal Höffner (S. 29):
Ansprache im Rahmen einer Festakademie am 30. Juli 1978 anläßlich des 19. Bundestreffens der Ackermann-Gemeinde (Organisation sudetendeutscher Katholiken) in Fulda vom 26.–31. Juli 1978

Kardinal Wyszyński (S. 51):
Ansprache an die deutschen Katholiken im Kölner Dom am 22. September 1978 im Rahmen der Begegnung der Konferenz des polnischen Episkopats mit der Deutschen Bischofskonferenz in Deutschland im September 1978

Kardinal Lustiger (S. 57):
Ansprache vor den Teilnehmern am St. Michael-Jahresempfang des Katholischen Büros in Bonn am 8. Oktober 1981

Kardinal Glemp (S. 67):
Ansprache bei der Eröffnung des 87. Deutschen Katholikentages in Düsseldorf (1.–5. September 1982) am 1. September 1982

Kardinal Macharski (S. 71):
Ansprache während der Hauptkundgebung im Rheinstadion auf dem 87. Deutschen Katholikentag (1.–5. September 1982) am 5. September 1982

Kardinal Willebrands (S. 75):
Ansprache vor den Teilnehmern am St. Michael-Jahresempfang des Katholischen Büros in Bonn am 29. September 1982

Kardinal Hume (S. 87):
Vortrag bei der Feier des Goldenen Priesterjubiläums von Kardinal Joseph Höffner am 30. Oktober 1982 im Kölner Börsensaal